品·智家教 001

别扣错第一颗纽扣

成长中最重要的 36 个秘密

[加]孔 谧 ◎著

北方联合出版传媒(集团)股份有限公司

万卷出版公司
VOLUMES PUBLISHING COMPANY

© 孔谧 2009

图书在版编目（CIP）数据

别扣错第一颗纽扣：成长中最重要的36个秘密／（加）孔谧
著.—沈阳：万卷出版公司，2009.9（2009.9 重印）

（品·智家教）

ISBN 978-7-5470-0164-6

Ⅰ.别… Ⅱ.孔… Ⅲ.家庭教育 Ⅳ.G78

中国版本图书馆 CIP 数据核字(2009)第 148207 号

设计制作／ 智品書業 ZHIPIN BOOKS

别扣错第一颗纽扣：成长中最重要的36个秘密

出 版 者	北方联合出版传媒（集团）股份有限公司 万卷出版公司
地　　址	沈阳市和平区十一纬路 29 号
邮　　编	110003
联系电话	024-23284090
电子信箱	vpc_tougao@163.com
印　　刷	北京振兴华印刷有限公司
经　　销	各地新华书店发行
幅面尺寸	720mm × 1000mm　　1/16
印　　张	16
字　　数	140 千字
版　　次	2009 年 9 月第 1 版　2009 年 9 月第 2 次印刷
责任编辑	邢和明
书　　号	ISBN 978-7-5470-0164-6
定　　价	24.00 元

涉世之初（作者自序）

The First Step to the Real World

　　过去的我在别人眼里还是个不错的孩子，学习算不上名列前茅，但也不是很糟；虽然时有调皮捣蛋的事情发生，但总体来说我还是个听老师、听家长话的孩子。可是有一段日子，特别是在我17岁之后，我感觉自己曾是一个活得相当糟糕的年轻人。我无法忘记那种"接下来我到底该怎么办"的迷茫；无法忘记自己被别人当作白痴的感受；无法忘记难以与周围的人相处的痛苦，拼命想摆脱父母管束的急躁，想独立却又不能的脆弱；无法忘记自己被女孩子拒绝时目瞪口呆的情景；无法忘记一心一意"绝不随波逐流"带来的苦果……渐渐地，我甚至无法理解这个世界到底在怎样运转。

　　也许你在年少时与我有过同样的感受和类似的经历：你很难与人相处、你认为大家都讨厌你、没有人能够理解你、你感觉不到快乐并常常觉得孤独；当你环顾四周时你觉得似乎别人都那么快乐，都很成功。这时你便会不断地想："他们为什么如此快乐，而我却生活在痛苦中——是我做错了什么吗？"先让我来告诉你一个事实吧：大多数的人在十几岁时都会有这样的感受。这个年龄段的许多人在大部分时间里都充满了迷惑。不信你可以去问问那些成年人，他们会向你讲述他们在十几岁时的苦恼和所犯的过错。有一点你要知道，随着时间的流逝，你会不断地成长，一切都会越来越好，而你最终也会真正地成熟起来。

如果有人在我16岁时告诉我："尽管你现在觉得苦恼不堪，但到了二十几岁时，你会成熟起来，变得快乐、充实，你的事业将会很成功并能拥有美满幸福的婚姻。"那我一定会大声地嘲笑他。因为我在16岁时根本就找不出任何一种能使自己快乐的方法，在我看来这个世界和所有的人都毫无道理可言。那时我怀疑世界，怀疑他人，更确切地说是怀疑自己。

那时，我真的希望有人愿意花时间坐下来陪我聊聊，告诉我世界究竟是什么样儿的，告诉我为什么所有这一切会发生在我身上。我不想听什么"有一天你会懂的"、"一切都会好的"或"实际上你很不错"等这些敷衍我的回答，我需要有人能详细地把这些解释给我听。为什么我总是这么差劲？为什么老师、爸爸妈妈总是对我所做的一切不满意？为什么世界这么不公平？这场人生成长游戏的规则到底是什么？这一切都是我从十几岁时就一直在思考的。如果有一本书能够告诉我这些的话，我也许会省去许多时间和麻烦，为什么没有一本能够让我了解这一切的书呢？

幸运的是，你手中的这本书就是这一切问题的答案。你不妨把它当作是一本所有希望在成长中获得成功的人都必备的"秘笈"，它会对人生的成长做出清晰的解释，它会告诉你为人处事的方法，告诉你世界是怎样运作的以及你是怎样逐渐成熟起来的。

我希望通过本书为你展现一个真实的世界，以消除你心中的迷茫，希望它能使你重新审视自己，逐渐理解你身边所发生的一切并为自己在这个世界上找到一个合适的位置，更希望它能引导你走向成功之路。

别扣错第一颗纽扣

◎涉世之初（作者自序）

The First Step to the Real World

第一篇　人在旅途 The Hard Facts

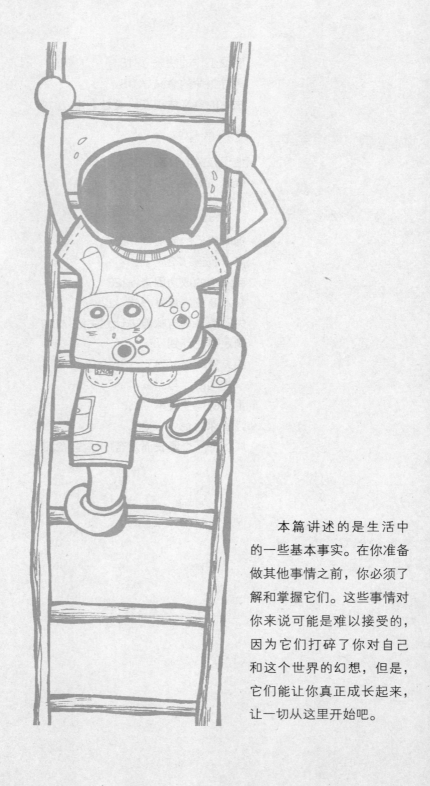

　　本篇讲述的是生活中的一些基本事实。在你准备做其他事情之前，你必须了解和掌握它们。这些事情对你来说可能是难以接受的，因为它们打碎了你对自己和这个世界的幻想，但是，它们能让你真正成长起来，让一切从这里开始吧。

人在旅途

The Hard Facts

　　无论你在何处，无论你是何人，在我们生命中的一切短暂时刻里，你和我有一点是完全相同的，那就是，我们不是休止的，而是在旅途之中。我们的生活是向着一个看不见的目标前进的一种活动，一种永不停止的变化。我们每天都有得失，即使我们的地位和品德看似和以前一样，实际上它们也在改变，因为单纯的时间的进展就是一种改变。同样地，如果你有一片荒田，它在一月里和七月里一定也不相同。就像儿童的缺陷会被视为天真无邪，但如果表现于成人，那就是幼稚。

　　我们所做的每一件事都是朝着某一方向前进中的一步。甚至未做的事，其本身也是一种行动。这就像磁针的阴极和阳极，它们虽然指向不同的方向，但实际上却是一个事物的两面而已。

　　你今天是否比昨天更接近你目标中的港口呢？是的，你一定会稍微接近某一港口的。因为自你的船第一次在人生的海中下水时起，你从没有片刻停息。这海洋太大了，你不可能寻找到一个停泊之所。在未驶进港口之前，你不能停顿。

——〔美〕狄克

我要超越，超越普通和有限的自己。

秘密一
● 生存的秘密 ●
secrets of money

　　你是否曾疑惑过为什么成年人要把大量的时间花在与金钱有关的事情上？为什么他们每天要工作 8~10 个小时？为什么他们要把时间都用在讨论银行利率、税制、物价和生活费用上？为什么在新闻联播和报纸上到处都是经济新闻？为什么家里经常会因为钱的问题而发生争吵？你要了解成年人的世界，就必须先了解金钱。在这个世界里金钱被成年人赋予了太多的意义。

生存的快餐面

在商品经济的社会里，金钱似乎已变得"至高无上"了。没有它你就会饥肠辘辘，就会露宿街头，甚至会失去自由。如果你曾有过这样的经历，你就会明白为什么金钱对人们来说是那么重要，而这些也只不过是造成人们如此重视金钱的简单事实。

你并不了解金钱的重要性，也不了解需要多少钱才能维持正常的生活。这其中的原因很简单——父母为你提供了一切。因此，你生活在梦想之中。而当你从梦中醒来不得不独立生活时，思想将会戏剧般地发生变化。

"食品、衣服、工作、房租、税收、名誉和孩子，使人的灵魂永远忙碌……而金钱能打碎这些束缚人的枷锁：灵魂在枷锁被打碎后才会获得自由。"

让我们设想一下，在你 16 岁这年由于一时冲动决定离家独自生活，以摆脱父母的管束。于是你跳上了一辆火车，并在深圳或是上海——个你自认为大有发展的城市下了车，决心在那儿开始你崭新的生活。你只想过一种普通的生活——不是奢侈的，只是很普通、很平凡的生活。

现在，你站在上海的大街上正迈出新生活的第一步。首先，你要找一个栖身之所，你要从众多的租房广告当中挑选出适合自己的一间。对你来说，最合适的是那些建在大学附近的学生公寓。但那儿简直像一个垃圾站，没有空调，合用的卫生间也肮脏不堪，所有的管道上都布满了铁锈。这就是每月 600 元的房子，而且你还要一次交付两个月的房租和 300 元的定金，也就是说，要想搬进这种公寓，你先要交纳 1500 元，以后每月再交 600 元。

除此之外，你每月还要负担房子的能源费用。于是你咨询了能源公司，他们告诉你，你先要支付 17 元他们才会为你提供能源。你还要交纳 200 元的保证金。房主告诉你每月的能源费大约要 80 元，因为在冬季你要用一个电热毯来取暖，而在夏天你每月只要40元就够了。所以你平均每月大约要60元。

如果你还想安装电话，电话的安装费是300元，如果你没有长途电话，每月话费大约50元。

除了电话和有线电视外，你还要安置一些家具。一个沙发，一把椅子，一个茶几，一个书架，一个电视柜，厨房里的桌子和椅子、茶壶、锅、盘子，一张床，一个床头柜，一个台灯，几盏电灯，等等。如果你想过得更舒服一些的话，就还要一部音响，一台电脑，一台录放机，等等。但这些对你来说都是不敢想的奢侈品。你还需要一些被单、毛巾和毯子，如果所有这些你全部买新的话，那可能要上千元。你不妨到旧物市场去买一些经济实惠的二手家具，只要300元就足够了。买到这些家具和生活用品之后你要租一辆运货车把它们运回来，租金和运费大约50元。你可以在批发市场上花70元买到便宜的被单、毛巾和毯子，还要花100元买卫生纸、清洁具、香皂、牙膏、洗发精、牙刷、垃圾桶、铝箔等。

最后就是交通的问题了。你不得不买一辆二手的山地车，这车看起来很沧桑，油漆脱落，座位破烂，但好像还能用，而且车主只要80元。车到手后，你还要花10元去买一个新轮胎。

做一次试验性的"离家出走"

当你决定"离家出走"独立生活时，你不会考虑到经济来源问题，你只想离开家，而不会想"如果最低生活费是500元，那么要想得到这笔钱，第一步我该……接下来……"于是当你远离家乡，在另一个城市落脚后就会变得穷困潦倒，你没有钱，没有吃的东西，没有容身之处，更没有办法去挣一分钱。

现在你找到了住处并拥有了一辆破山地车，当然这也只是最低的生活标准。你住在一间近乎垃圾站的公寓里，用着二手家具和一辆破旧车，但你却有了生活的必需品，这些是你一次性安顿下来的所需要的费用：

租房定金及两个月租金	1500 元
能源费及保证金	260 元
电话安装费	300 元
家具	300 元
货车运费	50 元
生活用品	170 元
车	90 元
总计	2670 元

当你从家里出来时，你的钱包里可能不会有这么多钱，那么到哪儿才能弄到这么多钱？要知道，上海是一个生活费用相当高的现代化城市。现在你要独自负担每月的各项费用如下：

房租	600 元
车保养及存车费（平均）	20 元
能源（平均）	60 元
电话费	50 元
衣服	100 元
食品	200 元
其他	75 元
总计	1105 元

必须注意到这种预算中不包含任何一个奢侈或娱乐的项目，不外出就餐，不看电影，不约会，不买影碟、CD 和磁带，不买书和杂志，不旅游度假，不买空调，不喝啤酒，不吸烟，等等。所有这些都需要钱。如果你吸烟，每月还会增加 100 元的费用。

如何在大城市里流浪

如果在大城市里流浪，你就必须得找一份工作来维持生计。

没有工作，就谈不上租房子，更不用说电话、有线电视。所以，你必须先找到一份工作，而每个招聘的地方都要求应聘者有工作经验或推荐信，可你却不具备这些条件。这样的话，你只能到快餐店去找工作，做一些类似于给人结账的工作，那儿的工资是每小时 5 元。如果你能每天工作 10 小时，每周工作 6 天的话，你每周就能挣 300 元，但是没有一个地方会让你每周工作超过 48 小时，因此，你不得不在一个餐馆工作 40 小时，再到另外一个餐馆每周工作 20 小时。而这样你才会挣足 1105 元，勉强够维持生活。

谁愿意每天工作 10 个小时，每周工作 6 天去给人打扫卫生间呢？问题是，你想要个什么样的工作？如果你想有房子住就得去挣钱，如果你想生存下去，更得去挣钱，你已别无选择。

然而，不幸的是你还忽略了税收制度，当你第一次拿到薪水的同时，你会发现税收扣走了其中的一部分，这时恐怕你会晕过去。

让自己更安全的方法

现在你总算安顿下来了，那么接下来该做什么呢？

办医疗保险可能是首要任务，不然的话你将要承担巨大的风险。哪怕是很微不足道的一场病，只要你去看医生，买药就得花费上百元。如果你出了车祸，那恐怕就要背上巨额的债务了。所以你不得不为此再支出 200 元，这样你只有放弃安装电话。你还有什么其他东西能够割舍呢？食品？车？

于是，你每天工作 10 小时，每周工作 6 天，你住在一间如垃圾站般的公寓里，骑着一辆破旧的车。你没有健康保险，没有有线电视，没有电话，没有钱买衣服，而且，你每天只能吃工作餐，到了星期天还得常常挨饿。

你能想象得到这种情景吗？你已站在了贫困线上。一切你都得退而求其次，并且如果再有什么地方出了差错的话，你就毫无退路可言了。如果这周你病了，又或者……那么你将被扫地出门。因为你的预算中毫无回旋的余地，一旦你被扫地出门，就得再花 400 或 500 元返回家去，那时，你将进退两难。所以：

❀ 你必须得找一份薪水高于法定最低限度的工作，否则你将无法生存，这就是大人们为什么总是谈论"好工作"的原因。

❀ 当你还是个少年，生活在父母的荫庇下时，你不会在意你的薪水是否是最低工资，因为那对你来说是笔意外之财。你的父母会为你交纳房租、购买食物、支付所有的账单，他们会为你买衣服，并负担你的娱乐开销，只有在你离家独自生活后才会明白，需要多少的薪水才可以负担得起这一切。

❀ 你需要父母来帮助你建立生活，除了开始的 5000 元以外，你还有钱吗？只有 5000 元是支撑不起一个家的，而父母则会负担你的开销，帮你购置家具等等。

❀ 如果你真的想建立属于自己的生活那将是困难重重。当你每天工作 10 个小时，一周工作 6 天时，你就没有时间去做其

> 最强的对手，可能是我们自己，在战胜别人之前，先得战胜自己。

他的事情。要想获得一份好工作的唯一途径就是接受教育，用知识充实自己。现在你是否还准备离家独立生活？

❀ 生活在每天为生计忙碌状态下的人没有自由可言，你不断重复着一成不变的生活。每天早上起床、上班，晚上拖着疲惫不堪的身体回到家中，感觉自己好像生活在闷罐中一样，这时你才会意识到金钱在某些情况下就是自由。

你可能会想："有许多工作的薪水都在法定最低标准之上，我会找到一份这样的工作，这很简单。"要知道上海年平均工资水平是 24398 元（2004 年），这也就意味着还有许多工作的薪水在这水平线下，而那些工资高于这一水平的工作则充满了竞争。你不可能很随

意地走进一座写字间一伸手就会拿到一份年薪 30000 元的工作，要知道在这间办公室的外面有 100 多人都想得到它。

每周工作 60 个小时，拿着最低的工资，住在最差的公寓里，没有空调，这样的生活标准真是惨透了。

在离开家的第一个月里，你可能不会有这种想法，你会很高兴地看到自己能够独立生活。然而，到了第二个月，你会觉得很糟。等到第三个月时你会感到惨透了。在一个炎热的下午，那辆破车可能会突然爆胎，你大汗淋漓，这时需要 1 元钱去修补一下，可你没钱，你不得不到修车点向人求助。此时，一个开着凯迪拉克的成年人在你身边停下，他想在附近的食品店买一听可口可乐。他降下车门玻璃，你会发现车内微风徐徐，凉爽无比。看到你那种样子，他问："我能帮你做点什么？"他是如此充满自信，如此乐于帮助你，你可怜巴巴地告诉他："我的车爆胎了，您能借我 1 元钱去修补一下吗？"当这一切结束时，你会不停地问自己："我到底做错了什么？"

你现在之所以既不关心工作也不在意金钱，只因为你不需要它们，你能够依赖父母生活，所以你尽可以无忧无虑。可当你离开家几分钟后，刹那间你会关心起所有的事情来。

理解你的父母

现在让我们来看看你的父母，他们每天也要面对这些问题。不同的是，如果他们不能把这一切处理得井井有条的话，那将不止是一个人无家可归，而是整个家庭。

假设你的父亲是一名优秀的工程师，年薪 6 万元，他还有健康保险，你们全家住在市中心一间普通的房子里。你的母亲在一家公司做会计工作，年收入 3 万元。

让我们再看看你们家的预算。这所房子是你的父母两年前买的，价值 24 万元，他们一次性付款 10 万元，剩下的 10 年内付清，利息约 5%。于是每月付利息约 2000 元，40 元住户保险，另外这所房子每月还要 50 元的物业管理费，包括修水管、走廊清扫、卫生保养等。房子的能源费平均每月 200 元，电话费包括长途每月大约 80 元，有线电视费 50 元。

除此之外还有其他需要花费的地方，你的父母会省下 1000 元做养老金。他们还会为你将来上大学准备出一部分钱，再加上人身安全保险等。让我们看看下列数据：

收入	
年收入	90000 元
退休金扣留	2000 元
年收入（含税）	88000 元
上交政府所得税	3400 元
年净收入	84000 元
月净收入	7050 元
月花费	
房屋分期付款	2000 元
食品	1800 元
能源费	100 元
电话费	80 元
衣服	500 元
升学储蓄	200 元
交通费	200 元
月总花费	4880 元

通个这个计算，你能够对家庭消费有更多的了解。例如，尽管你父亲有一个非常好的工作，年薪 60000 元，但只有半数以上的钱能够拿回家，未来的税收要他交纳很多钱，去尽自己的社会

责任和义务，这就是你的父母为什么要经常谈论未来税收和经济政策的原因。

你的父母并不是挥霍无度，他们住在消费中等的地区，拥有一间很普通也谈不上装修精美的公寓，他们的生活并不奢侈，没有价值数万元的家庭影院或柜式冰箱。在预算中也并不包括那些节假日和特殊用途的花费，像新年拜访、生日宴会、外出用餐、度假、看电影、买报纸和杂志、女儿的钢琴课、儿子的足球训练等等。至此，你该明白为什么当你向父母要东西时他们会表现得如此紧张，从哪儿才能弄到这些多余的钱呢？如果你想买一双1000元的运动鞋，那便超出了每月的预算。如果家里出了乱子，或出现了意想不到的事情（例如你住院要做手术），那么你的父母不得不向别人借钱，为了偿还这笔债，他们只得缩减生活开支。而他们唯一能减少的只有养老金，这就是为什么我们的父母几乎存不下养老金的原因，下一步再能被削减的就是你的升学储蓄了。

探知成年人的金融秘密

所有关于金钱、薪水、家庭消费的话题都是相当敏感的，这是生活中的事实。没有人会对别人说："瞧，我每年挣5万元。"当你到了16岁或18岁时还不了解你的父母挣多少钱，不了解你家的房子值多少钱，这就足以证明"钱"这个话题有多么的敏感。但是你可以开诚布公地同你的父母谈谈这些事情。如果你能这样做，那真是太好了。这意味着你已逐渐成熟了，有了初步的生存意识。

你也许会问："为什么人们对这些事情如此敏感？"对大多数人来说，薪水是衡量他们自身能力的一个标准。如果你有两个经商的朋友，他们的收入高低不同，那么高的一个一定比低的更精于做生意。在任何一家公司里，员工之间的薪水都充满了竞争。因此如果一个人告诉另外一个人"我每年挣4万元"，那么他就为对方提供了一个极有价值的信息。

为什么你的母亲会外出工作或考虑要找一份工作？这是为了要支付生日宴会或度假等这些额外的开销。为什么你的父亲有时会抱怨他的工作，但还不得不每天去上班？因为如果他不去工作，整个家庭的处境就会变得十分糟糕。要知道在预算中没有留出紧急事件的储蓄，如果父亲失去工作，你的家庭就会陷入巨大的困境。

你的父母在十几岁时也曾有过许多同你一样的梦想——漂亮的衣服，温馨、舒畅的旅行，做工精致的手表，等等。他们也想拥有这一切，就像现在的你一样，但为了家庭的收支平衡，他们不得不放弃这些年少时的梦想。无论何时，当你收到贵重的礼物时，你要明白父母可以送这些给你，却不能送给他们自己。

只有当你开始了解父母为了抚养你们而做出的种种牺牲以及他们的理财方式时，你才会真正尊敬和感激他们。也许这会发生在你20或25岁的时候，但真正令你觉悟的将在你建立了自己的家庭时，然而现在，无论是你还是与你同龄的年轻人都不会尊敬和感激他们，甚至还会对他们产生种种误解。

金钱，就像生活中的快餐面一样，是最基本的赖以生存的"食品"，吃了这顿"快餐面"，还要为下一顿"快餐面"去忙碌，去准备。我们中的许多人最初都被梦想的双翼保护着，我们在梦想与现实之间筑起了一道高高的围墙，这道墙阻碍着我们去理解为什么成年人对金钱、工作这么专注。如果你能够尽快地明白金钱和工作对你未来幸福的重要性，那么你就会很快地为自己在经济上的独立做好准备，在成长的路上迈出那重要的第一步。

但不要认为金钱是生命中的唯一，在这个世界上比金钱更美好的事物还有很多，然而"金钱是生存的基础"是现实生活中不争的事实。如果你想建立自己的生活，就不能没有金钱，这就是金钱的重要性之所在。你只有在获得了一份理想的工作之后，才能够自由地去做那些自己喜欢的事。

珍惜你所拥有的，小心你所选择的，把握你所追求的。人生，是可以由你自己来掌握的！

秘密二
● 经验的秘密 ●

On experience

你是否为一直犯同一个错误、一直在同一个地方跌倒而苦恼？这就是经验不足。经验是指人在做事的过程中获得的一定的知识。在你以后的人生道路上，经验会助你越过重重困难。事先了解一下经验，更有助于你积累和利用它。

经验助我去成长

上一章的内容对你来说可能充满新鲜感，以前你未必仔细考虑过这些事情，其原因只有一个：就是年轻人缺乏生活的经验。我们从未曾脱离过父母的庇护，大多数年轻人都生活在成年人与儿童的夹缝中，正像俗语"天真的年轻人"所说的那样。

你也许难以接受"年轻人天真"这一事实，但仔细考虑一下下面的内容，可能会对你有所帮助：假设不识字的你生活在荒凉的孤岛上，那么当海水把一些盒子和书籍送到岛上时，你能读懂上面的文字吗？不能，原因就是你从未学习过这些东西，你缺乏经验。人们识字和读书等任何能力的形成都要经过一个先学而后培养的过程。当你意识到自己缺乏经验的时候，你就会致力于完善自己，提高自己的能力，这样，你才会真正地成熟起来。

幻影模型TIM的秘密

为什么你会难以接受自己天真这一事实呢？那是因为在你的头脑中有一个叫做"青少年幻影模型"的东西在作怪。我们又称之为"TIM"。TIM常常向你的大脑输送信息，告诉你：你是世界上最聪明的人，你无所不知，你周围的成年人都是傻瓜。这一模型形成于你的青春期，然后迅速发展壮大，在你23岁左右才会最后崩溃、消失。

美国著名作家马克·吐温曾对此进行过非常有趣的论述："在我14岁的时候，我发现父亲竟无知到了令我难以忍受的程度。到我21岁时，我却惊奇地发现这个老头竟然在这7年里掌握了如此多的知识。"当然，马克·吐温的父亲并没有变，发生变化的是马克自己。马克的父亲变得聪明是在马克的TIM崩溃之时，直到那时他才真正认识他的父亲。现在这一问题同样困扰着所有的年轻人。你也许觉得妈妈越来越爱唠叨了，而且总是说些让人心烦的话；爸爸的观点也越来越保守、陈旧了，而且他好像很难接受新的事物，那么多的新名词、新东西他都不知道。

为什么会有TIM?

为什么在你的头脑中会形成 TIM？这同生物进化有一定的联系。一只幼鸟，生活在温暖的巢穴中，每天同它的兄弟姐妹们无忧无虑地玩耍，并享受着父母为它们提供的食物。但是，当幼鸟的羽翼渐渐丰满的时候，它们的头脑中就会出现一个声音不停地叫着："你的父母是傻瓜！你自己能觅到更好的食物！你能构造比这更好的巢！你的父母是多么的烦人！你会有比它们更漂亮的羽毛！现在是离开的时候了！"这只幼鸟整天不断地被这个声音困扰着，日复一日，有一天它终于离开了它的父母，远走高飞，建立了自己的巢。而后又有了新的小鸟，鸟类因此一代代地繁衍不息。

这同你的情况也很相似。人类文明的发展促进了 TIM 的产生并鼓励年轻人离开父母的家。问题在于我们生活在一个高度发达的工业社会里，况且你也不是一只鸟。你不能只是简单地离家出走，也不能简单地觅食生存。在这个社会里人们获得成功是因为他们在发挥自己聪明才智的同时也吸收、借鉴了别人的过人之处，这是生活中铁一般的事实。事实上，你的 TIM 对你造成了巨大的伤害，并让你在这种幻影中蒙受了相当的损失。

我站对位置了吗?

假设你认为你的父母、你的老师和你身边的人都很傻，只有你才是世上最聪明的人；如果有人愿意听取你的意见的话，那么世界上的一切难题都会迎刃而解。也许你并不像如上所说的那样自以为是，而是不肯承认自己天真幼稚罢了。那么，让我们换一种方法，通过下面的七个问题来让你认清自己：

❋ 你会找到工作吗？也许会。

❋ 如果明天你的家人都不在了，你的工作能让你继续维持生活吗？每年你会有 1 万元的收入吗？这不太可能。

❋ 对于前面的问题，如果你回答说不用 1 万元来维持生活，那么你了解正常的生活费用是多少吗？你可能并不知道。

✽ 你有房子吗？没有。

✽ 你能买房子吗？不能。除非天上掉下 20 万元。

✽ 你能申请贷款买房吗？绝对不可能，再过 5~10 年你才可以考虑这个问题。

✽ 你知道如果你要参加医疗保险每年要多少钱吗？你能负担得起这笔钱吗？这也不太可能。

对这些问题，你大部分的答案都是否定的，只有当你能够对这些问题回答"是"的时候，你才是正逐步融于这个世界。如果你对这些问题中的五个或六个回答"不能"并认为这些答案都是正确的话，那么可以说你的 TIM 是在正常地运作。如果你能听到内心的一个声音在说："这些问题毫无意义！"则说明你的 TIM 运作得非常强烈，需要冷静地思考一下了。

向左想，向右想

让我们再换一种方法来认识一下自己。现在假设所有人都在用一生的时间，以同样的进度不停地学习。请看图 1-1：

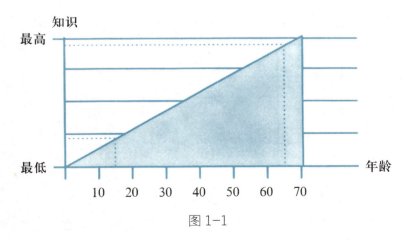

图 1-1

这幅图向你展示了知识的积累过程。它告诉你，如果你是一个

16 岁的青少年，那么你所掌握的知识只是一个 32 岁成年人的一半，一个 48 岁成年人的三分之一，以此类推。随着生命进程的推移，你的聪明才智，你的知识量，以及你的社会经验都会获得持续的增长。现在，让我们换一个思考的角度，假设你 16 岁，当你同一个 8 岁大的孩子交谈时，很显然你会认为这个孩子很天真。一个 8 岁大的孩子不懂得什么是爱，什么是人生，更不会数学，不了解金钱的重要性，他只知道甜饼、糖果和玩具。同样，一个 32 岁的成年人在同你交谈时也会有类似的想法。一个 16 岁的少年不了解什么是事业，不了解求职、供房的难度，不懂得抚养孩子的艰辛，不知道怎样与亲戚朋友以及身边的人长期维持良好的关系，等等。

让我们把注意力转到婴儿身上。你会发现婴儿们总是很粗暴地让大人把精力都集中在他们身上。在他们的头脑中，丝毫没有同情、慷慨和怜悯的概念。他们感到饿时，觉得困时，不舒服时，甚至在不喜欢抱他们的人时，都会大声哭闹，他们极度地以自我为中心。但随着年龄的不断增长，这种意识会逐步减弱。同样，青少年相对于成人来说，仍然具有很强的自我主导欲。让我们来看看图 1-2 吧。

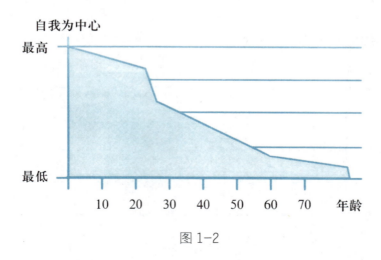

图 1-2

图 1-2 展示了人类意识形态的变化过程。这种曲线图常常因人而异，它会因性别不同而有所差别。图中有一段陡峭的线段，其对

应的时期是人们刚刚成为父亲或母亲的那段时间。在这段时期里，大部分人懂得现在已不仅仅是为了自己而活。看一看那些不断为孩子作出牺牲的家长们吧，你就会理解这一切的。同样，从图上我们还可以看出，青少年时期的我们有很强烈的自我意识，曲线下降幅度很小。

我们并不是要你否定自己，而是要告诉你生命是一个变化的过程。现在你只不

> 学习开放自我、虚心接纳、细细品味。

过才到达生命旅程中的一个驿站，你还年轻，才刚刚开始经历这种种变化。也许目前糟糕的 TIM 还在左右着你，但 15 年后，你对身边事物的各种看法一定会不同于今日。天地万物，无一不在变化，正是这些变化让人们以不同的方式来认识这个世界，也正是这些变化让人们在人生的大戏中各自扮演着不同的角色。

我的成功我选择

为什么大人们总是要把你当做天真的孩子来对待？为什么没有人会照你说的去做？当你清楚地说出自己的观点时，为什么大人们会说"你懂什么，你还是个孩子，将来有一天你会懂的"？从上面的事例中，我们已经完全可以找出令你迷惑的两个原因：

第一，青少年并不了解现实的世界。这是生活中普遍存在的现象，因为缺少生活经验，知识量的曲线足以证明这一点。

第二，所有的成年人都从青少年时代走过，他们清楚在这段时期中发生的一切。他们了解你的所思、所感，知道什么对你才是最重要的，他们经历过了自己脑中的 TIM 崩溃的过程。所有的成年人都在看着你，并清楚地知道目前你所处的位置。

当然你会以不同的方式来理解生活，但请记住对于现实生活中的一切，你理解得越早，就越能善加利用它，直到最终获得巨大的成功。

你知道一个人为何会遇到贵人吗？因为他先让自己贵起来。

秘密三
●成年人的秘密●
Adults rule the word

在你的眼中，成年人总是在掌管着家庭、学校、城市、国家乃至整个世界，而你也梦想快点成为他们中的一员，掌管自己的生活。你早晚都会长大，长成成年人，但现在你就应该为成为成年人而做准备。

是谁控制着世界上的奶酪

我还清楚地记得，在我十几岁时，我曾对这个世界迷惑不已，眼前一片茫然。为什么这个世界不属于青少年？看看下面的人口分布图，你就会明白为什么这是一个成年人的世界。图1-3取自《2008年世界年鉴》。

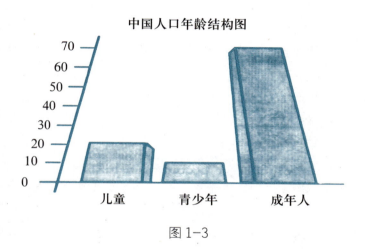

图1-3

从图1-3中你可以看到成年人的数量几乎是儿童和青少年数量之和的两倍，如果明天有架飞碟光顾地球，并消灭所有的青少年，那不会引起世界的毁灭。在许多重要事情的发展过程中，青少年总是被忽略的。

真是这样吗？你也许会认为："这不是真的！成年人的数量是青少年的两倍？"但，这是事实。为什么你会觉得青少年在数量上要胜过成年人？这是因为你迷惑于现实世界为你制造的幻影。你大部分的时间都是在学校里度过的，你所接触到的不是孩子就是青少年。你在教室里花费了太多的时间，在那里只有一个成年人，却有30个或40个青少年。而且你的家庭也不断地为你制造幻像，在你和你叔叔、舅舅的家里可能总共有两个或者三个孩子，而家长却只有一个或两个。种种迹象向你显示，似乎青少年占据了世界人口的一半。

但是，你忽略了成千上万没有孩子的成年人，他们所占的比重远远超乎你的想象。

学会适应成年人的世界

如果你想获得成功就必须学会适应这个成年人的世界，终有一天你要长大成人，你不会永远属于那被忽略的边缘群体中的一员。

数量上的优势使得成年人掌握着这个世界。除此之外，还有另外一个造成这种状况的重要原因：成年人拥有一切。房子、公寓和摩天大楼全部归他们所有，他们控制着一切赚钱的行业，控制着政府和军队。天地万物，无一不属于他们。

这些有趣的事实向你提供了一个重要的信息：成年人掌握着一切，这是你无法改变的事实。

现在，你打算怎么做？如果你想获得成功——事实上，如果你想实现梦想，无论是成为名垂青史的伟人还是腰缠万贯的富翁——你都要学会适应这一切。你要迈向成功就必须学会适应这个成年人的世界，对于这种适应的学习过程，当然是越快越好。只有当你能够了解成年人的一切时才会明白现实世界的意义。

但愿你能从今天开始就成为一个大人。当你不再以青少年的思维方式来考虑问题，而是站在成年人的角度来思考、行事的时候，就意味着你已真正加入了成年人的行列之中。要做到这一点，就要懂得成年人思考做事的方式，这是我们接下来要讨论的最重要的内容。

你要准备什么？你要改变什么？

要适应成年人的世界，你首先要让自己的思维处在开放的状态，尽可能地去迎接新环境里的改变。你还可以让成年人传授你一些适应成年人世界的经验，如果你感到那些成年人仍然将你看成是个缺少经验的毛头孩子时，不要因为自尊心受到了伤害而退却，要知道那些成年人不是在嘲笑你的无知，因为他们也曾从你这样的阶段度过，他们更想做的事是要将经验告诉你，让你少走些弯路。

进入成年人的世界后，你还要学着建立成年人的人际关系。进入成年人世界之前，你要跟谁交往，只需考虑自己是否喜欢，而成年人的人际关系则截然不同，你不管做任何事情都必须跟其他人在一起，这不能取决于你的意愿。要想建立和保持良好的人际关系，就需要学会跟其他人沟通、交流、协调与合作。每个人的想法都是不一样的，这就决定了我们在对待同一件事情时的态度和行为的不同，而当别人与你的想法产生矛盾和冲突时，你的心里会觉得很不舒服，但这并不意味着别人的观点或行为是错的，你的不舒服通常是因为对方没有按照你的标准，遵从你的意愿而已。当你想到每个人都是不同的，且与你一样有着对环境或事物评判的标准，你就可以懂得冲突和矛盾的根源，进而懂得沟通与合作的重要了。通过沟通，你才能更全面、清晰地了解别人的想法，并让别人更好地理解你的想法；通过协调，你才可以让自己和他人的优势充分地发挥出来；通过合作，你才可以和别人建立和谐的人际关系。

你还需做的一件事就是正确地认知和评价自己。首先，你要接受自己有很出类拔萃的才能，也有着很多不尽如人意的地方。其次，在了解到自己还有很多弱点的时候要能尊重自己，能很高兴地接受自己还有不如别人的地方的这样的一个事实，这是成功人士非常重要的条件。第三，在你承认跟别人有差距的时候，仍要保持对自己的信心。此外，你要学会对自己负责，既要对自己做得好的事情负责，也要对自己做不好的事情负责。

进入成年人的世界后，如果你常常能做到上述几点，那么你就会很好地适应成年人的世界，并能与成年人的世界建立良好的沟通、协调与合作的关系，最终获得成功。

端正你的思想，将协助你
建立积极乐观的态度。

秘密四
● 同龄人的秘密 ●
secrets of your peers

有时你很喜欢他们，因为同他们一起玩耍很快乐。而有时你又对他们特别反感，因为他们总是不断地给你带来麻烦，这就是你和周围的同龄人在一起的感受。为什么会出现这种情况？为什么他们和成年人的行为方式会大不同？现在，你应该真正认识一下你的同龄人了。

你是我的同龄人

通过前面的论述，我们可以得出一个结论：你不必在意你的同龄人。这种提议也许令你难以置信。

让我告诉你一个重要的秘密吧：所有的这些感觉都是你脑中 TIM 的一部分。只有在你的 TIM 崩溃时你才会意识到你那些同龄人的想法是多么荒谬，他们对现实世界一点也不了解。如果你想取悦他们，还不如取悦你自己或你同龄人以外的其他人。但愿你能尽早明白这一点。

现在我们换一种解释的方法，来看看下面的两个人：

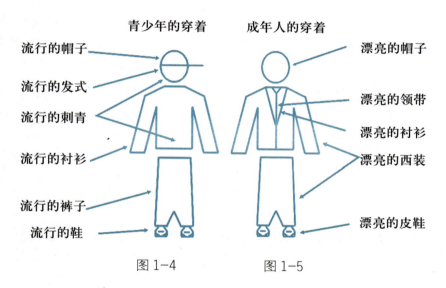

图 1-4   图 1-5

图 1-4、图 1-5 是对青少年和成年人在穿着上的比较。

图 1-4 是你的同龄人。当你看到他时，你也许会想："哇，真酷，是我的伙伴。"图 1-5 是个成年商人，面对他你可能会认为："乖乖，商人，西装，真是讨厌。"对这两者的态度你应该有 180 度的转变，原因如下：你的那个伙伴如果走运的话，他也许能获得一份扫地的差事，并拿到最低标准的工资。他对成年人的世界所知甚少，他唯一擅长的就是玩电子游戏。这样的一个青少年又怎会引起别人

对他的重视呢？图1-5的成年人则刚好相反，他拥有一份相当不错的工作和一幢漂亮的房子。每年，他还要捐钱给社会上的贫困儿童，他在商业宴会上发表动人的演说，为他的社会福利基金会筹集了数十万元。如果你登门求助，他也许会给你一份工作。他引人注目，他了解这个世界在怎样地运转着。成年人创造着这个世界上的奇迹。因此，如果成功是你追求的目标，那么你就该更多地接近成年人。

考虑一下这个问题："你更愿意做这两种人中的哪一个，是少年还是那个成年人？"你可能会回答："我宁愿做个少年。"为什么？一个原因是你本身也是个少年，俗语说：物以类聚，人以群分。另一个原因是你能够理解你的同伴，并觉得与他们在一起很舒服，因为你整天都同他们打交道。

你不想做成年人可能是因为你讨厌成年人，并把他们都当做白痴。如果真是这样，那么请你再想一下，世界上怎么会有一年赚5万或10万元的白痴？为什么正常的青少年却很难做到这点？

此外，你瞧不起成年人是因为你不理解他们。虽然成年人的世界错综复杂、深奥难懂，但同时又富有生趣，也正是因为它复杂难懂，所以你才更要花时间去理解、适应这个陌生的环境。如果你能尽早地开始这种体验，会在生活中少走许多弯路。尽快地成为成年人中的一员，你才会有更多的收获。

同龄人，让我欢喜让我忧

你可能听说过"同龄人的压力"这个说法。你可曾注意，这个说法中蕴含着的巨大消极力量，正是你的同龄人鼓励你吸烟，正是你的同龄人诱使你过早地发生性行为，正是你的同龄人让你用足球击碎邻居的玻璃窗，也正是你的同龄人唆使你花别人的钱。为什么你要做这一切？做这些事能为你带来什么？你是否见过一个成功的商人把他的凯迪拉克停在你面前，对你说："上车，让我们一起去捣碎所有的玻璃窗吧！在我的后座上有一个足球，你随便踢个痛快！"这当然是不可能的。

　　为什么成年人不会鬼鬼祟祟地围着玻璃窗转？因为那对他们来说毫无意义。你要明白在这个世界上有许多比这更值得你去做的事情。在商品经济的高速公路上，社会上的人们每年都要为他们所购买的物品和享受的服务支出成千上万元。你，一个少年，如果你够从合法的途径获得其中哪怕是很少很少的一部分钱，那么你也能在这个环境里种下属于自己的一枚种子，然后实现你的梦想。

　　记住，现在是你让梦想成真的大好时机，你完全不必在意你的同龄人。从他们的身边走过，不必回头，如果你能与更多的成年人接触，你将远胜于同龄人。

超越同龄人

　　当我告诉你同龄人都不必理会之后，你可能至少会发现几个问题：

　　✤ 无论你的同龄人是否荒谬，你每天依然要面对他们；无论你是否喜欢他们，你也不得不同每天他们打交道。

　　✤ 没有一个大人会每天坐下来同你聊聊。就算有，你可能也会觉得他们说的话对你毫无意义。

　　✤ 你看不出任何迹象自己将来会成为一个商人。你该怎么做才会每年赚 15 万元？ 20 万元？正因为看不出来，所以似乎就没有试的必要。

　　你要就这些问题找出解决的方法，下面是一些建议：

　　✤ 你的同龄人都是你的朋友。每个人都会有朋友，这是好事，但交朋友要有所选择，远离那些"不良少年"。如果你真想这么做，不妨与你的朋友组成一个小集团。与别人不同的是，你们做的都是正确的事，明白自己在做些什么，并乐于让与你们合得来的人加入。

　　✤ 你可以注意一下周围忙忙碌碌又小有成绩的成年人，比如进入外企工作已成为白领的表哥、刚刚完成一项签约的堂姐，看看他们每天都在忙些什么，做些什么，又是怎么做的。

✽ 你可以找一些也在读此书的同龄人，与他们谈谈，彼此交换一下看法。

你正努力使自己看起来像个大人，学校里的同学们可能会把你当做傻瓜一样来对待。不必太在意他们，他们中间有相当一部分人只知道关心电子游戏、摇滚乐队、名牌烟和昂贵的篮球鞋。这些人都是不成熟的，他们意识不到自己在做什么，又缺乏生活的目标。想想看：如果一个 5 岁大的孩子走到你面前对你说："你真的很蠢！"你会怎么做？不必在意他，他懂什么！你也可以像这样不必过分在意你周围的同龄人。

给自己期望，从现在做起，做到最好。

✽ 寻找一些能够理解你、愿意花时间为你解释一切的成年人，同他们建立友谊。向他们请教一些有启发性的问题，并同他们保持长久的联系。

✽ 找一群与你志同道合的同龄朋友，不妨组织一个俱乐部，到附近的工厂、电视台、公司、大学和宾馆等做一次访问，和他们谈谈你们的俱乐部，让他们讲讲自己的经历。也许有些人会说"我没时间"、"很抱歉，我帮不了你们什么"。没关系，继续下去，你们一定会找到说"来吧，年轻人"、"我很愿意与你们谈谈"的人。让他们匀出 5 分钟听听你们的心声，并告诉他们你们的理想，他们一定会理解你们并愿意倾听你们的谈话。

✽ 找到大人们聚会的地点并加入到他们当中。自愿加入学校或社会里的组织，以一种成年人的姿态到各种公共场合活动，参加一些社会团体的集会，坐在后排静静地听。不要同大学生住在一起，他们当中的很多人都只知道读死书，而且缺乏社会经验。

✽ 无论何时，当你结识新的成年人时，不妨让他们向你描述一下他们的工作。你会发现他们通过不断拼搏和付出才获得了现有的一切，而且他们当中有许多工作是你从前闻所未闻的。然后再问他们，如果一切能重新来，他们是否会有些改变。你会从中学到许多宝贵的经验。

❋ 同你的老师建立友谊，多问问题，请他们为你解释成年人的行为。

❋ 看看能否在成功人士之中为自己找一个导师。导师就是愿意为你引路的人，他会同你分享事业上成功的经验和个人的生活阅历，就像一个会讲话的路标，为你提供建议。如果你能够在工作中找到一个这样的人，那么他将把你保护在自己的双翼下，而你则会在他的帮助下获得巨大的发展。

❋ 找到自己的人生之路。一味地迎合别人，还不如找出令自己快乐的方法，只有做回你自己，才会带给你意想不到的收获。

提前消除心中的幻影

接下来你要做的是去解决一个在青少年中普遍存在的问题：消除心中的幻影。一个孩子，或者一个青少年，有能力对自己的所见所闻进行思考。可在此之前你只会重视身边的同龄人。要知道，世界上有 60 亿人口，围绕在你周围的只是很少的一部分人，你们的观点、想法对这个世界不会有任何影响。

下面让我来告诉你发生在我身上的一件事，正是这件事让我看清了自己心中的幻影。我上初中时，因为学习成绩优秀，表现突出，我的学校曾把我送到北戴河去参加夏令营活动，我在那儿度过了令人难忘的一周，我同来自全世界各地的几百名青少年一起了解世界各国的风俗和人情。这项活动包括旅游、参加研讨会、同政府工作人员见面、做简报、上课、听演讲、参加宴会和分组讨论。

这次旅行，除了让我学到许多有关风土人情的知识外，我还明白了两件事：

一是我知道在这个世界上还有许多像我这样的人。我了解到那些从不在学校里骂人、打架的人都被选中来参加夏令营了，而那些烟鬼、上课捣乱的家伙、小流氓和扮酷的人都被淘汰了。在这个群体中我真正找到了能够与我交流的人。

二是我发现有许多与我观点相同的人。我还记得参加活动的第一天是星期天，队伍还没有组织起来。因为每个人都来自不同的国家，组织者让我们做的第一件事就是每 20 个人分成一组然后就某一话题展开讨论，比如："你是如何看地球明天的环境的？"所有的学生几乎没有一丝一毫的相似。他们是来自全世界各地区的高智商的学生，有着很强的思考能力并清楚自己所处的位置。我们讨论不同的话题，而且有些人的观点是我们以前绝对没有想到过的。这真是令人难以置信，又那么令人感到新奇、振奋！世界上一半的人在以一种方式做事、思考，其他人又在以另外一种方式做着这一切，而这两种处世的方式在许多情况下往往都是正确的！

当我再回到学校时，我已能以一种全新的角度来看待这次活动，我第一次大声地对自己说："不必那么在意学校里的人！"

不必在意同龄人

青少年，特别是处在群体中的青少年可以说是相当的极端。如果你不够合群，那么他们会不断地烦扰你、羞辱你。我不知道你是否仔细观察过一群小鸡，它们在围栏中自由跑动，这种情形同青少年的状况很相似。有一件事你应该注意到，就是在鸡群中有界限清晰的等级制度，如果有一只小鸡生病或不合群，那么其它的小鸡就会不停地啄咬它，直到那只小鸡死掉为止。集体中不合群的青少年的处境几乎也同这差不多，其他人会不断地刁难那个不合群的人。

然而成年人的群体相对来讲就要好得多，他们的群体中充满了宽容和谅解。这是因为成年人明白世上没有十全十美的人，每个人都难免会犯错，在人们不断开拓新领域的同时，也会遭遇失败。他们了解这种感受，因此彼此间能互助并积极、公开地去竞争。这是一个温和的群体。

这种事情也会发生在大学里，突然间你发现自己四周都不是学校里那些出言不逊的人，这会令你觉得很舒服。

　　当你观察学校里的同龄人时，想想这些事情，一旦你离开了学校，他们的观念就不会再对你有任何影响，所以你现在尽可以忽视他们。如果你同学校里的人合不来，那么你不妨加入到校外的团体中去，这会促使你找到那些与你相似的人，或者及早选择你想继续深造的大学。要么你不妨同成年人待在一起，这也许会令你觉得快乐，你可能会与他们相处得更好，因为你已认为自己是一名成年人。

　　重要的是，做那些能够令你觉得快乐的事情，加入到优秀的团体中去，享受其中的乐趣。一味地迎合别人，还不如找出令自己快乐的方法，做回你自己，这会带给你意想不到的收获。

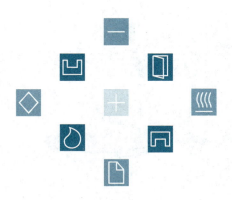

　　你要去寻找一份工作——这是生活中的事实，也是能使自己更加充实、自由的保障。所以，你要及早计划去寻找一份既能获得高薪又可以从中享受快乐的职业。

工作与事业

Jobs and Careers

你们常听人说，工作是祸殃，劳作是不幸。

我却对你们说：你们工作的时候，就已经完成了深远的梦，它指示你那梦是从何时开头的。

在你劳作不息的时候，你的确在爱生命。

从工作里爱生命，就是通彻了生命最深的秘密。

倘使在你的辛苦里，有身之苦恼和养身之诅咒写在你的眉间，那么我将回答你，只有你眉间的汗，能洗去这些字句。

你们听见人说，生命是黑暗的，在你疲累之中，你附和了那疲累的人所说的话。

我说生命的确是黑暗的，除非是有了激励；

一切的激励都是盲目的，除非是有了知识；

一切的知识都是徒然的，除非是有了工作；

一切的工作都是虚空的，除非是有了爱。

当你仁爱地工作的时候，你便与自己、与人类、与上帝联系为一。

——〔黎巴嫩〕纪伯伦

对照别人的标准，评估一
下自己的行动品质吧。

秘密五
● 工作的秘密 ●
Find a job to live

　　现在你花的钱都是从父母那里支取，但你不可能一直向父母要钱。你需要自己挣钱，你需要一份工作来养活自己。也许你现在认为工作对你来说还很远，但现在做一下未来的职业规划还是有必要的，已经到了为未来着想的时候了。

工作着，充实着

在第一篇中，你已经看到钱是多么地重要，因为你需要钱来支付房租和购买食品。能够有额外的收入也是一件好事，这样你可以购买一些生活奢侈品，做一些充实的、有意义的活动。所以你不得不为此去寻找一份工作。

大多数人直到年近30岁时才会意识到这点，但到那时你会感到茫然且不知所措，如果你能在青少年时就考虑到这点，那么你将会很好地掌握你的人生。如果你能这么想的话，那么你就该及早为自己提出以下四个问题：

❋ 何谓"好"工作？

❋ 我该怎么做才能获得一份好工作？

> 因为生命中充满了一次又一次的失败，所以才有成功！

❋ 社会上都有些什么样的工作？哪些工作更有发展？

❋ 在我的一生中，我怎样才能不断地获得更好的工作？

作为青少年的你如果现在就开始针对这四个问题进行反省，那么你就是为自己做了一件相当有益的事。

你距离好工作有多远

好工作常常具备以下特征：

❋ 你能从工作中得到乐趣。

❋ 有丰厚的薪酬。

❋ 工资的支付方式同你的个性相对应。

❋ 能为你提供学习和成长的机会。

❋ 具有晋升的可能性。

这些特征都是重要的，而第一点又是重中之重。"丰厚的薪酬"当然很令人兴奋，但如果你真的能从工作中感受到快乐，那么这一点也许就不是那么重要了。从"真正的快乐"和"富有"当中作出选择，大多数人都会选择"真正的快乐"，如果你痛苦不堪，那么富有又能怎样？

工资的支付方式也是很重要的，因为有些支付薪水的方式可能适合于某些人，但不适合于其他人。在这个社会当中有许多支付工资的方式，请看下面的几个例子：

❀ 自愿工作——你是无偿地为别人工作。

❀ 计件工作——在完成明确的工作任务后，你会得到一份薪水。你也许会在制衣厂看到这种付薪方式，但也可以考虑在邮递公司和运输公司等选择这种付薪的工作方式。

❀ 收取佣金的工作——这同计件工作有些相似，不同的是按卖货的份额或数量付薪。这种方式很适合地产经纪人和汽车推销员等。

❀ 收小费的工作——你的大部分收入都来自于你收取的小费。比如在餐厅做一名优秀的服务生。

❀ 计时工作——按工作的小时数付你薪水，比如做家教、在快餐店做小时工。

❀ 收取固定工资的工作——你每年收取固定的工资。

❀ 为自己工作——你拥有自己的生意（一间餐馆、印刷公司、咨询公司、汽车维修铺等），生意的利润就是你的薪水。

你可以从上面挑出一份很好的工作。如果你能每小时赚50元或75元，那你已经干得很不错了，一些高级白领或高级顾问也不过就挣这么多。而做一名拿佣金的高级销售人员也能生活得很好。像典型的房产经纪人，按售房价的7%拿佣金，如果他每月能卖出一幢价值20万元的房子，那他就是相当好的经纪人了。再假设你是一名靠收取片酬度日的演员，如果每周能有1万元进账，那你已经非常优秀了。要知道无论在哪种方式下工作，你都会有很不错的收入。关键是要找到一份最适合自己的职业。

一提到"好工作"，大多数人脑子里想到的都是薪水的高低，而较高薪水的工作一般都有如下特征：

❀ 每年10万元以上的收入。

❀ 向雇员及其家庭提供低成本的健康保险。

❋ 可能会提供其他保险，如平安险、伤残保险等等。

❋ 每年会有两周的带薪假期。

❋ 允许有一定天数的病假。

❋ 提供完善的退休养老计划。

❋ 提供一定程度的"向上流动性"，也就是说你可以看到一条升迁的途径。

好的工作是优秀事业的基石

一份好的工作是一项优秀事业的重要组成部分。"事业"一词依据《韦氏新编大学生词典》第九版所下的定义是"在公共事业、商业领域等职业中对成功的不懈追求"，还包含"专业的培训及对专业永久召唤的回答"。当你在某一领域为自己建立起一项技能后，正所谓一通百通，它会帮助你很容易地进入另一个全新的世界，结果是你会在某个领域中建立自己的事业。

举个例子，假设你的第一件工作是汽车推销员。之后你做过许多不同的销售工作；终于你成为某家大公司的销售部经理，在"汽车销售"领域里建立了一项事业。或者你可能会从推销汽车转向推销机械设备或电子元件，从此在销售领域开拓了广阔天地。无论你再做哪些销售工作，都会得心应手。在此之后，如果你转而步入服务或采购部门，那么你就可以开始自己另一份崭新的事业。如果你是从推销汽车开始学习销售的，而你还有一个电子工程学的学位证书，并且很喜欢摆弄计算机和电子设备，那么，终有一天你可以为大公司团体推销卫星通讯设备，在"技术销售"领域里建立了自己的事业。

积极乐观的人生，才是彩色的人生。

秘密六
● 学习的秘密 ●
Education is your capital

也许你还是一个学生，学习就是你生活的一部分，并认为学习无非就是上课考试。但如果你了解学习会关系到你以后的生活，而且你也想在以后的工作中获得更高的收入，你就该认识一下学习的真相，努力去把握获得知识的机会，并尽可能地掌握更多的知识。

是什么决定着你未来的社会地位

知识量往往同薪水成正比，同时它也决定着你 90％ 的社会地位，特别是当你所掌握的知识对某些商业领域具有十分重要的作用时更是这样。下段文字摘自《2008 年世界年鉴》：

在 2008 年的加拿大，具有高中学历的人年均收入是 14391 加元，大专学历的人年均收入是 20036 加元，学士学位的人年均收入是加 34096 加元，有硕士学位的人年均收入是加 54982 加元，具有博士学位的人年均收入可达 74725 加元。

上述文字告诉你：如果想获得更高的年收入，你就该认识到大学学位的重要性，虽然这并不是获取高收入的唯一途径。毕竟学位证书的价值并不都是相等的。

接受教育并不一定要按照传统的方式进行，仅仅是坐在那里读书或同别人交谈你也一样能学到许多东西。最有价值的是你掌握了更多的知识，而不是你怎样才能获得这些知识。

远离种种为自己开脱的借口

要做自己喜欢的事情，首先要远离种种为自己开脱的借口，然后再从小事做起，读读书，同别人交谈，学习些基本的技能，并在此基础上不断提升自己。如果你能坚持下去，最后你一定会熟练掌握此项技能并真正地爱上它。

美国著名的特技制作人菲尔·蒂普特就是一个典型的例子。那时他只有 13 岁，他用为电脑公司卖软件赚来的钱买了一架摄像机，拍

给予自己正面的能量，振奋自己高昂的情绪，降低自己的负面侵扰。

一些简单的动画，这些东西是用吸尘器的管子和红土塑成的。到 17

岁时他已经开始为一些电视公司制作移动道具了。5 年之后他开始同那些后来在制作特技上很有名气的人建立工作与合作关系，比如乔·博格和丹尼斯·谬思。丹尼斯曾作为一名颇有影响力的特技摄影师在影视界中工作过，在他的推荐下，菲尔也加入了轰动全球的影片《星球大战》的摄制队伍，从而一举成名。

正是因为青少年时代的积累，才促使菲尔不仅做成了自己喜欢的事，而且成绩斐然，并找到了自己事业的方向。

世界上有那么多人一生都无所事事，很大一部分原因就在于他们从少年时代起就总在找各种借口来为自己开脱。结果他们一生的时间都花费在为自己的拖延、懒散寻找理由上，一生都在喋喋不休地抱怨而终无所成就。所以当你还是青春少年时，就快扔掉那些借口吧，用实际行动来解决困难，别站在那儿发呆。

努力，使你成为一个领域的专家

你喜欢网上冲浪吗？去学习怎样建立网站吧。如果有学校、公司或民航想建立网站，你就可以为他们提供这方面的服务。如果你喜欢汽车，可以学习汽车维修或组装一辆你自己的汽车模型。喜欢阅读，试试写作；喜欢美食，试试烹饪；喜欢做演员，试试表演。你是否已经准备好了呢？利用你的想象力去做点什么！寻找真正令你感兴趣的事情并马上去做，直到你成为这一领域的专家为止。要知道，没有什么能够阻止你去这么做。这是一个信息爆炸的时代，如果真有什么是你喜欢的，那就该是书籍、杂志、网络、新闻组和俱乐部，在那里你会遇到许多与你志同道合的人。你要意识到每个人每一天都在进步。

与那些热爱自己工作的人交往

当你还是个孩子的时候，如果有人问你"你长大后想做什么"，你可能会回答做一名"消防队员"、"警探"、"护士"或"教师"。孩子们只对少数几个进入到他们世界中的职业有所了解。他们可能永远不会回答"做杂志的编辑或出版商"、"股票投资者"、"电脑工程师"甚至"校长"。儿童看不到这些职业，所以他们决不会对此加以考虑，而作为一名青少年的你也同儿童一样视野狭隘。令你感兴趣的往往是你所掌握的某项技能——是你做得最好的事情，你可以利用它找到一份理想的工作。

你如何才会找到这种类型的好工作呢？你可以就此询问你身边的成年人：

❀ 你为什么要做这种工作？

❀ 你喜欢你的工作吗？

❀ 你是如何得到这份工作的？

❀ 当你还是青少年时，你所做的第一份工作是什么？

❀ 你的收入在什么范围之间？

❀ 你需要做多长时间的培训？

❀ 如果我也想得到一份你这样的工作，我该怎样做？

……

在工业面具的掩盖下，存在着许多既高薪又能让你感兴趣的工作，注意这样的字眼儿——"高薪"和"兴趣"，它们会使你不致迷失自己，让我来给你举些例子：

❀ 成功的摇滚乐队背后有数不清的制作人、唱片公司、灯光与调音师、广告公司、艺术家、代理商、作曲家、理财高手等。

❀ 每个影视剧背后都有许多作贡献的制作人、导演、摄影师、技工、作家、管理人员、理财专家、制作工程师等。

❀ 每个职业运动员背后都有扶植他的管理人员、教练、保健医、训练员等。

❀ 每个电脑程序和网页的背后都有不止一个编程人员、资料处理专家、网络管理员、系统操作员、广告管理人员等。

记住，尽管你不是一个电视明星，不是一个摇滚歌手或一个职业运动员，但你同样可以进入这些领域并有所作为。关键在于你如何去选择，选择后又如何去做。

坦然面对自己，接受自己的优点，更要接受自己的弱点。

秘密七
● 优秀雇员的秘密 ●
secrets of good employees

想要成为好员工，就要对你的工作充满热情，拥有高超的技能，拥有睿智的头脑，了解公司的运作，精于管理，并具有团队精神和良好的处理人际关系的能力，更为重要的是努力把自己的这些能力展现出来。

非凡的技能是你履历中最精彩的一页

为了找到工作，你要做两件重要的事情，写一份精彩的履历和顺利通过面试。现在有许多与此有关的优秀书籍可供你阅读，而且你所在的学校也会就此为你提供一些重要的信息。这里我想告诉你一些事，希望它们能在这两方面对你有所帮助。

假设有一天一家软件开发公司的领导人正坐在她的办公室里，一名穿着得体的年轻人走了进来并坐下，随即他们开始了一场谈话。

全力以赴，可能你就是一个传奇人物。

他：我能到贵公司来为你们做些有益的工作吗？

她：你知道该怎么做吗？

他：我的专业是用 C++ 编程语言来研究物体的定向发展，我用过 Booch 和 Rumbagh 系统方法，但只有 Rational Rose 是我做物体定向设计的主要工具。

她：你懂 MFC 吗？

他：我懂，我对 Visual C 和 MFC 都很熟悉，我在 GUT 方面有两年使用 MFC 的经验。

她：你觉得 MFC 怎么样？

他：我觉得它还不错，总的来说我挺喜欢它，我特别喜欢由微软开发同它配合使用的整合工具。我不喜欢 CRecordeset class，我宁愿使用按我自己习惯设计的三层建筑形式。

她：真的吗？这么说你也有用过 database 的经验了？

他：是的，我对 Sybase 和 Oracle database 发动机很熟悉，我曾在环境发展应用中用它们工作过。

在这里我希望你注意一件事：这是一名普通的年轻人，他没有履历，他未预先被人通知便走进这间办公室，坐在那儿也只是说出了他都懂些什么。这样的一个人年薪可达到 5~8 万元你相信吗？如果他能够坐到电脑前在 15 分钟内证明他所说的，那么数以千计的公司都会毫不犹豫地雇用他。他所展现的技巧相当有价值，这种技巧才是他最精彩的履历，每个公司都渴望拥有这样的人才。

我的观点：你的履历和面试技巧并不是第一重要的，如果你有一项非凡的技能（这种技能要在人才市场上有所需求），如果你能和谐地与他人一起工作，如果你能每天按时上班，并出色地完成自己的工作，那么你就会稳定下来。

如何找出优秀的雇员所需的技能

找出优秀的雇员所需的技能至少有三条途径：

✽ 在以前的日报上查看"招聘"专栏，寻找那些空缺的高薪职位。如果你有足够的勇气，你可以向那些吸引你的用人公司写信："我是一名青年，如果将来有一天我想申请一份这样的工作，那么现在我该怎么做？"可能多数的公司不会理睬你，但哪怕只有少数几个公司给你回信，你也会从中受益匪浅。正因为你是一名青年，所以你可以无所顾忌地写信，一定会有很多人愿意帮你。

✽ 先在一家公司里找一份不重要的工作，然后你可以通过观察或询问他人而找出这间公司所需要的重要业务技能，从这家公司的每个部门内都学些东西。

✽ 你可以问问你的父母或成年朋友，要拥有何种技能才能在他们公司内找到一份好差事。再问问他们中什么样的人薪酬最高，什么样的人令人愉快，并记下这些。

一封真实的来信

我举个例子来告诉你怎样做。下面是一个叫志伟的少年发给我的信件：

我很想能在一家大公司里工作，用 C 语言或 C++ 语言为他们编写应用程序，可我现在还只是个高中生。尽管我年纪不大，但我懂的比大学生还多，我在编程上至少下了 8年的功夫，在使用 C、C++ 语言上也有 5 年的时间了。而且我还会 Assembly 语言，我对 paecdl 语言也很熟悉。最近几个月我一直在自学视窗 API。

我并不是真的很想找工作，但某种反应告诉我：你对新雇员的建议可能会对我很有帮助。

谢谢

志伟

这是我给志伟的回信：

志伟：

我的秘书已经把你的信转发给我，现在我就你所询求的问题向你提供几点建议。

尽管你的信很短，但你已经告诉我一些有关你的重要信息

——你很聪明；

——你很好学；

——你对自己充满自信。

你将会发现许多公司都会对像你这样的人感兴趣。一旦你走进大学的校门，你就会看到你的择业将会受到限制（许多大公司都会在校园内进行面试），而你也只能从那里开始。

让我给你做两个冒险的猜测：1. 你不愿等得太久；2. 在一家大公司里你可能不会得到足够的自由——这完全取决于公司。

因此，我鼓励你到一家能够理解你究竟想要实现什么的小公司去寻找一块属于你的天地，也许这困难重重，但在你找到一个能够明白你在说什么的人之前，你要不断地敲门。我想这样的努力是值得的。

祝你好运！你现在可能还意识不到这些（当然也许你能），但我相信你一定会有非凡的成就。

阿悦

这是志伟的回答：

很感谢你，你不知道我是多么地渴望能从一个真正的商界人士的口中听到这些，而不是从我的父母那里。

关键在于，在你遇到一个能够真正理解你的梦想的人之前，你要不停地寻找。也许许多人会向你泼冷水，不必在意他们，继续寻找。

优秀的雇员对工作持有热忱

看看一个典型的年轻人是如何对待他或她的工作的：这个年轻人走进了自己的工作间，每次老板布置给他或她的工作任务，他（她）都做得很糟糕；他（她）对自己的工作没有表现出一丝一毫的热忱；他（她）常常抱怨这份工作是如何的令人讨厌；每次老板走过去看他（她）在做什么时，都会发现他不是在打电话与朋友闲聊，就是把工作做得一塌糊涂。正是因为年轻人这种不负责的表现，使得大多数成年人都对他们抱有"孺子不可教"的看法。

设想一下你的老板发现你与其他的年轻人完全不同：每次他交给你一项任务时都会得到"好的，我马上去做"这样的回答；有时你甚至会超额完成任务，把一切都弄得井井有条，而你也高兴去这么做；有时完成一件工作可能会需要数十个小时，你的老板常常在你做到一半时会过来问你"进行得怎么样"，而你会告诉他"一切都很顺利"；对你来说，无论交给你什么样的工作都没关系，因为你随时准备着去完成它们。

想象一下，当你的老板把你同那些典型的青少年相比较时他会怎么想。如果你能够以上述方式来对待自己的工作，你将会被划到"勤奋做事"这类人当中，而你也会更快地获得成功。事情就是这么简单。

优秀的工作属于优秀的雇员

优秀的工作属于优秀的雇员，这是无法改变的事实。但什么样的人才算得上是"优秀的雇员"呢？以下是一名"优秀的雇员"所应具备的条件：

❋ 优秀的雇员总是自发主动地做事，这是同那些懒散的雇员最大的区别。假设你是一个老板，你有两个雇员，一个只有在工作任务交待得很清楚的情况下才会去做，还常常会把事情搞砸；而另外一个总是能把任务完成得很圆满，此外他还喜欢帮助别人，似乎他总是能为顾客和其他雇员把一切都安排得很好。这样的两个人，你更愿意同谁一起工作？你会提拔哪一个？答案再明显不过。

❋ 优秀的雇员具有强烈的责任感。他们把工作做得很好而且富有创造性。他们会对自己的行为以及由此产生的后果负责。

❋ 优秀的雇员具有良好的经济意识。他们懂得怎样做才会为企业赚钱，并致力于此，他们明白自己支票上金额的大小取决于企业是否盈利。

❋ 优秀的雇员无论大事小事都言出必行，遵守承诺。他们对一些小事尤为看重，像回电话，按时出席会议、宴会等等。

❋ 优秀的雇员了解顾客（其他同事）的需要。他们总是肯花时间去关心他人，了解并满足他人的需要。

❋ 优秀的雇员总是对他们的工作充满热忱，尽管这并不一定是他们最喜爱的工作。要知道，谁愿意同一个整天抱怨的人一起工作呢？

❋ 优秀雇员会为了公司倾尽全力。

❋ 优秀的雇员能够自律，做事从不出轨。

❋ 优秀的雇员是出色的执行者。他们能圆满地完成工作，并赢得上级的信赖。

❋ 优秀的雇员是自励者。在他空闲的时间里，他常会做一些有益的事情来填补这段空白，或学习一些对工作有所帮助的新知识来充实自己。

❋ 优秀的雇员很有信用。

❋ 优秀的雇员总是超额完成任务，他们做得往往比老板所期望的更多、更好。如果你不能付出超过薪酬的劳动，也就不会得到超额的报酬。

在任何领域中都没有十全十美的人，工作中的人们都在用一生的时间来完善自己。当你还是一个年轻人时，就该涉足不同的领域，每天为了提升自己而不断地拼搏、奋斗。也许这需要很长的时间，因为有太多的东西在等着你去学习。

我主动，我优秀

如果你在一家商业公司内工作，那么你就该花些时间了解公司的运作情况。一家有数百名员工的大型企业就像一部复杂的机器，机器的每一部分都很重要。你在这家公司里扮演着什么样的角色？为什么你的作用很重要？你在哪个部门工作？需要同哪几个部门打交道，为什么？你们公司内等级制度的本质是什么？哪些人是你们公司的灵魂人物？他们是否在你的部门内？他们是如何达到这种程度的？如果你能花时间来解答这些问题，那么你就掌握了这家公司的整体概况。

你该到那种有发展前途的小型商业公司中去寻找工作，在那儿，你更能体现自身的价值，才会逐渐被推到更高层次的职位上去。也只有在那儿，你才会成为不可缺少的人物。

另一种发展策略对你也很有用，特别是当你在一家大公司时，那就是向上看，向公司里更高的管理层上看，并寻找一个令你崇拜的职位或人物，然后同其他人谈谈，看看要达到那种程度需要什么样的技巧、资历与人格力量。你也可以找那些处在这个位置上的人聊聊，了解一下他们是怎样达到高级管理层的位置的，然后开始收集你所需要的资料。这可能要花费很多的时间，所以你现在就可以开始了。

跳出抱怨的心理"蛋壳"

当你在一家公司里做事的时候，你也许会遇到许多优秀的和差劲的雇员。你也会遇见那些本来很优秀却因为某些错误而导致事业失败的雇员。你还会看到公司里大多数年轻的雇员最喜欢做的就是抱怨，不停地抱怨。事实上，没有人愿意同怨声载道的人一起工作，他们只会拖团队的后腿而不会起到一点积极的作用。

每个人都有人格上的瑕疵，有些我们知道但已定型，而有些直到被别人指出时我们才肯承认。如果你有幸能够遇到一位好的上司，他（她）将会帮助你克服那些妨碍你进步的缺点、毛病；他（她）会以一种积极的方式来帮助你，当然有时他（她）也难免会大发脾气。不要把这当做是私人的泄愤，也不要就此而止步不前。要把它当做一种有助益的批评来接纳，因为它会帮助你完善自我。接纳这些批评并在工作中不断地改造自己，只因为尽管这是一个漫长而艰苦的过程，但对你有百益而无一害。

一位能够向你提出有助益的批评的上级会对你的事业起到巨大的推动作用，尽管他（她）批评你，但仍会向你委派许多重要的工作任务。

老板们不愿见到的另外一件事就是有人不能依靠自己的力量来完成自己应做的工作。当有人让你去做某些事情的时候，他们所希望看到的就是你能独立完成这些任务。你要试着用自己的力量来完成它。如果你缺少完成它所需的关键要素，那么毫无疑问你要求助于他人，这是工作中的一种普遍现象。但你为什么不能靠自己的力量尽可能地去寻找这些要素呢？那样的话，你将会惊异于你所拥有的能力，同时也会博得他人的赞同与主动支持。

最后，你的老板绝对不想见到你无法与他人共同工作。一个公司是由许多人组成的团队，而这种团队却要像一个个体那样运作，如果团队中的某个人认为他是不可缺少的，并经常滋事，对人不敬，那么其他人就有权要求他离开。这种人只会扰乱别人，使人无法与之相处，很明显他不了解这个世界到底是在怎样运转。因此无论他走到哪儿，都会处处碰壁。

工作中的晋升会使你更有成就感

在你工作后，你可能不想永远都停留在这个职位上。你想更上一层楼，于是你学习新的技能，赚更多的钱，承担更大的责任。以下的内容会对你获得晋升有较大的帮助：

❀ 尽可能多地学习有关你目前工作的知识，你要做到比这方面的专家懂得还多。

❀ 学习一项能够令你获得更大收益的技能。一般而言，在你找到工作之后，你便可以学习其他相关领域的技能，这些技能在相同或不同的领域中都同样很有价值。

❀ 学习能让你升迁的技巧，在每家公司都很自然的有升迁之路。在大公司内，能让你获得晋升的梯子不止一个，你可以向你的经理询问有关上层职位所要求的条件，并力图使自己符合这些条件。

❀ 学习管理的技巧、组织计划、管理员工，并给公司带来收益。有这些能力的人会受到众多公司的青睐。寻找管理的机会，学习管理的课程，阅读管理的书籍，以便有一天你能登上管理者的位置。

❀ 出色地完成工作。在所有的公司里，能够出色完成工作的人都会获得晋升。

成为优秀的管理者

管理者的职位，特别是一些大公司的高层管理职位，是这个国家中薪水最高的工作，同时也是需求量最大的工作。如果你有心找一份这样的工作，那么对你来说理解"什么是管理者"和"怎样成为一名优秀的管理者"就相当重要了。

想一想那些雇用收取最低薪水的工人的单位：一家工厂、快餐店、百货商店或其他什么。这些工人工作时是用不着思考的，他们只是按照别人的吩咐去做，他们可能只会想"我得焊接这些电线"等等。这些工人不懂得什么是远景规划。

一名管理者则会受到不同的对待。他被指派去管理一群人或一个预算，并被告知："请完成这项工作任务。"因此，一名管理者至少需要掌握四种技能：

❀ 懂得处理人际关系，在这群人中起到积极领导的作用，保证他们能够愉快地、有效率地工作，彼此间能够很好地合作。

❀ 组织能力。保证所有人都在正确的时间里做着正确的事情，以便计划能够按时并在预算内完成。

❀ 团队精神。保证自己的计划同公司的整体利益相符。一个部门并不是一个自由行动的实体，它要同其他部门配合工作，因此要求有团队精神。

❀ 会理财以确保预算能按预定计划执行。

你不可能在偶然间便会掌握这四项技能，它们会贯穿你事业的始终。在处理每一项新的计划和工作任务时，你会从中不断地获得经验。你要运用它们来开展工作，通过不断完善这四项特殊技能，加速自己在公司内的晋升。

欣然地面对改变，勇敢地接受挑战。

秘密八
● 西装的秘密 ●
secrets of suits

作为青少年，你可能会对西装深恶痛绝，讨厌它成为你生活的中心，但你还必须接受它。当你第一次穿上西装时，就说明了你从懵懂少年迈进了稳重成年人的行列。人们会以一种平等的心态去对待你，更为重要的是，穿上西装的你已经成熟了。

西装是成功者的制服

作为青少年，你可能会对西装深恶痛绝，讨厌它成为你生活的中心。我年少时也曾有过与你相同的感受。无论何时我穿起这身"漂亮的衣服"，我都觉得自己像个十足的傻瓜。然而，我在写这本书时正穿着西装。我每天都要穿西装，我很高兴自己会这么做。下面让我向你解释一下发生这种转变的原因。

西装已成为人们职业生涯中重要的组成部分，它是成功的标志，你一穿上西装就可以说"我很成功"。它是现在的潮流，并且这个潮流已持续了几十年，而且还会一直延续下去。

你不相信我？你走进任何一家大型的写字中心、法庭、高档宾馆、飞机场和会议厅，看看那里的人们，你会发现任何成功的或获得晋升的人都身穿得体的西装，而那些钟点工、青少年则不是这样。如果你能尽早地理解这一点，你就会充分利用西装的优势。

亲身体验一下

假设在看过前面讨论的内容后，你决定去检验一下这种论点是否站得住脚，你完全可以这么做，也许对你来说这是个有趣的实验。

首先，你要一套西装。买一身既漂亮又庄重的西装，这意味着颜色要深沉，黑色或深蓝色都可以，再配上漂亮的衬衫、领带和光亮的皮鞋。现在无论走到哪儿你都要穿上这身行头，要持续一个月。我不是在跟你开玩笑，因为你可能至少要花上一周的时间才会习惯这身打扮，然后你还要花上一周的时间来忘记你的穿戴。你的朋友可能会就此而烦扰你一段时间，不必在意他们，告诉他们你在进行一项实验。在第三和第四个星期里等你和你的朋友都平静下来之后，看看人们对你的态度和以前有什么不同，以及你自己又有什么不同于以往的感受。这种不同是很微妙的，但你一定会注意到那些认识你的人，特别是成年人，对待你的态度会有180度的转变。而那些陌生人对待你也会和以前不一样，他们对你会有不同程度的尊重。

除此之外，你还会发现西装能改变你的言谈举止，这真是令人吃惊。另外你会注意到有相当数量的人也穿西装，这些人都是成年人，都是很成功的商人、演艺人员等。在电视上出现的每位要人都会穿西装，每位管理人员也都会穿西装，你以前之所以忽视这些人是因为你是那群"青少年跟屁虫"当中的一员。突然之间，这些优秀的成年人出现在你眼前，因为你加入了他们的俱乐部。现在你会看到穿西装的人聚在一起，这些人都是成功者。

西装能增加你成功的心理效应

假设在公司里，你是唯一在办公室里穿西装的人，往往这种情形会让你看出西装所产生的心理效应。如果有陌生人走进公司看到你，他毫无疑问地会把你当做公司的负责人，只是因为你穿着西装。如果你肯留心，你会看到这种事情经常发生。

你会发现，如果你在穿着和言谈举止上像个成年人，那么人们就会把你当做成年人来对待，尤其对年轻人来说，更会产生巨大的优势。

在商业领域里穿西装能够向你周围的人及时地传递出你在态度和意图上的信息。

与西装相关的规则

当你穿上西装时，你就该了解通往成年人世界的道路上的其他规则。穿西装者的行为会有某些模式，你对此可能还不了解，下面让我向你介绍一些基本的行为模式：

✳ 两个成年人第一次见面时都会伸出右手相握——握手的同时可以说："我叫王亮，很高兴见到您。"也许一开始你可能不大习惯，你要实践，实践，再实践，直到你能很自然地使用这种问候方式。

✳ 伸出你的手——甚至在其他人没有这么做时，你也要主动伸出手。如果对方没有反应，则表明他或她是缺乏教养的。主动伸出你的手，等于告诉别人主动权在你手上。

❋ 大声说出你的名字——如果一个人能够在人前大声说出他自己的名字，那等于是向全世界宣布："我很骄傲，很诚实，我充满自信。"

❋ 紧握他人的手——当你与人握手时，要紧握对方的手并直视他的眼睛，这是诚实与自信的一种表现方式。

❋ 微笑——没有人愿意同愁眉苦脸的人交谈。

❋ 记住他人的名字——人们总是高兴别人能记住他们的名字，你要学会使用这种技巧。

❋ 整齐的发型——对于一个穿西装的人来说，没有什么比一头零乱的头发更糟糕的了。理一个职业的、商人式的发型，也许一开始你会觉得自己很傻，事实上可能只有你和你的几个少数的朋友会有这种感觉，而其他人更愿意看到你有一个跟西装相配的发型。对了，还要擦亮你的皮鞋。

❋ 如果你想同一个成年人谈些什么，一定要事先预约。你可以这么说："你现在方便吗？"或者"我们能预约个时间吗？"要知道，每个人的时间都很珍贵，因此，你要及时赴约，遵守你的每个承诺，无论大小，这很重要，人们对此很在意。那些不能遵守小诺言的人也常常无法实现大的承诺。

❋ 谈吐清晰——要像个成年人那样讲话。不要再使用青少年的语言，你要通过与成年人相处学会使用"通俗易懂"的语言。这就像学外语，你在那种文化氛围中浸泡得越久，使用这种语言就越能得心应手。

❋ 留意你的语言——不要出言不逊，也不要大喊大叫。

❋ 要彬彬有礼。

你可能已经注意到自己似乎经常会因为异性而心烦意乱，本篇将会为你解释这些生活中的事实，并告诉你这对你的现在和将来都意味着什么。

婚姻与爱

Love and Marriage

爱不仅仅是互相说："啊！你真可爱。"很多时候我们有一切优点但绝不可爱。

爱是同心眺望。它连结我们的力量去推动那共同的重担，它使我们手牵着手，一同迈向光明的远方。

爱是在我们力量衰弱时，可以向另一个关切我们的人身上借得的额外力量。

爱是属于永恒的，因为永恒就是爱。当我们相爱时，正如触摸到了永恒的衣角。

爱是知道他人关怀自己的一种感受，因此人生将永不孤寂。

爱是奇妙的意识。它使你知道有人分担自己的忧愁，更因为这分担减轻了你的忧愁；它也使你的喜乐丰盛，并因另一个人的喜乐使你的快乐倍增。

——〔英〕史堪纳

爱是一颗星，一切迷途的船只都能用它导航。

秘密九
• 爱的秘密 •
Love is full of life

爱是生活的基石，是人们生活的中心，爱是我们与生俱来的情感。对此我们无力操控，既不能把它点燃，也无法将它熄灭。事实上，爱与人类紧密相联，不可分割，这对所有人都是如此。

爱是生命的核心

爱是生活的基石，爱是人们生活的中心，可能你对此已有所了解。你该看到在你的内心深处，有多少时间是在感怀异性、梦见异性、对异性存疑或对异性失落。

正因为爱是如此的重要，所以它才会常常使人感到迷惑和沮丧。我记得当我还是少年时，曾对此有过深深的体验。我曾问过自己一连串的问题（如果你是一个女孩，请把问题中的"女孩"换成"男孩"），包括：

❀ 为什么女孩子都讨厌我？

❀ 为什么我会在女孩子面前表现得那么笨拙？

❀ 为什么我总是想看那些女孩子，尽管我并不敢这么做？

❀ 为什么爱对我的伤害如此之深？

❀ 为什么其他人似乎没有这些问题？为什么他们能够走近这些女孩子，与她们自由地交谈、约会、外出并玩得很高兴？

❀ 为什么漂亮的女孩子会是那个样子？

❀ 为什么许多女孩子会喜欢那些像傻瓜一样的人和那些粗鲁地对待她们的人？我对她们很好，可这并不能让一切都好起来，为什么？

❀ 会有人肯嫁给我吗？什么时候？为什么不是现在？

❀ 我怎样才会知道这就是我要追求的女孩子？

❀ 什么是婚姻？为什么我们要结婚？

❀ 为什么成年人似乎不会有这些烦恼？

❀ 为什么我父母口中的"恋爱"与我口中的"恋爱"会是如此的不同？换句话说，为什么他们的爱如此烦人，为什么他们经常吵架，为什么他们很少握对方的手？

……

你也许问过自己一两个这样的问题。很明显，这些问题是如此的繁琐，但又是如此的重要。

要想更好地理解爱和把握住爱，只有一个方法，就是去体会爱。

让我们从那些生活中与爱相关的事开始。一旦你能理解这些事实，你就可以转而进入其他领域。

爱是我们与生俱来的情感

爱是我们与生俱来的情感。我们既不能把它点燃，也无法将它熄灭。

在这个世界上有许多种不同的爱。下面让我来为你介绍几种你熟悉的爱：

❊ 父母之爱——这是父母对子女的爱。这种爱所体现出的奉献与关怀是其他类型的爱无法比拟的。可以说，这是最完美的爱。

❊ 友情之爱——两人之间深厚的友谊常常包括信任、奉献、忠诚与关怀。

❊ 物质之爱——你可能会听到别人说"我爱这部车！"或"我爱这部影片！"，这是对某种实物的爱。在这种情形下，"爱"这个词意味着"我真的很喜欢它"、"我一定要拥有它"。在极端的情况下，会是"如果我得不到它，我宁愿死"。因此这种爱可以用另一个词来代替，就是"迷恋"。

❊ 浪漫之爱——这就是我们大多数人所谈论的"爱"。它是你对要同你组建家庭的人的追求，是你对能同你共度余生的人的寻觅。

爱的目的是繁衍后代

爱是在我们头脑中鼓励我们组建家庭的结构。我们"恋爱"就是为了要建立一个家庭。"恋爱"同我们的大脑紧密相联，它确保人类能够繁衍下去。

对于爱，更让人沮丧的是它是一种相当糟糕的情感，会产生许多心理效应。"坠入爱河"常常意味着失去判断力，并促使你把精力集中在那些能让你发疯的事情上。每个人都听过这句话——"爱是盲目的"，这是事实。爱会让你失去理智，你当然不想这样，只是你大脑中的一部分会使你这样做。

男人和女人为了共同生活而结婚，生儿育女是把他们联接起来的纽带。

爱与我们的身体、大脑和生态进化同样重要。青少年常常在爱、婚姻、性、孩子上发生问题。因为他们不懂得这些事物间的内在联系，或者是因为他们故意忽视它们。因为青少年还没有过孩子，他们不了解孩子需要一对强有力的、能够相伴一生的夫妻来照顾，要给孩子提供一个稳定的家庭。婚姻是提供这种稳定的工具。你的父母知道抚养一个孩子要有巨大的开销，仅仅是婴儿在医院出生的费用就会达到 5000 到 10000 元，更不用说今后教育、保险等其他费用。你在银行里有足够的钱（包括新生婴儿的其他花费）吗？如果没有，就不要准备有孩子。

关于爱的事实

- ❀ 爱是我们与生俱来的情感。
- ❀ 在这个世界上有许多种不同的爱。
- ❀ 爱是我们头脑中鼓励我们组建家庭的结构。
- ❀ 爱是一种负责任的婚姻。

希望别人给你什么，先将
那些给别人。

秘密十
● 选择的秘密 ●
secrets of choice

　　为什么你喜欢的男孩（女孩）不愿同你约会而同
别人约会，为什么他（她）不知道你的存在而与他人交
往……这就是选择，在生活中普遍存在的现象。难道我
们就这样的被人选择而无动于衷吗？我们也应有选择
权，那就了解一下选择的秘密吧。

男孩、女孩的难题

为什么你喜欢的男孩（女孩）不愿同你约会？为什么他（她）不知道你的存在？

我们需要谈论有关的男孩、女孩一些事实。不幸的是，我有一个坏消息要告诉你：青少年

> 两性相爱，是人生最重要的部分。应该保持它的自由、神圣、崇高，不可强制它、侮辱它、污蔑它、压抑它，使它在人间社会丧失其优美的价值。

之间关系的确立是完全自由的、随机的，就好像买彩票和掷骰子一样，这其中没有任何规则可言。这是生活中的事实，你能越快地理解和接受它，就会对你越有帮助。

一个数量游戏

假设你打电话约一个女孩外出，而她却对你说"不"，你从中看出些什么？什么也没有。她只是为了某些原因不想同你一起吃午餐。这些原因都是很随机的，而且你对此也无能为力。你只能从表面上来理解它并走开，或无可奈何地挠挠头。

"好的，"你说，"但为什么最后那三个女孩也对我说'不'呢？"这是因为建立关系是一个"数量游戏"，而约女孩子外出就是一个相当糟糕的数量游戏。让我们来做个实验。你走进一家购物中心，坐在一个会有许多人经过的长椅上，拿出一张纸和一支铅笔，把纸分成两栏，在左边这一栏中，用记号记下每个从这里路过的异性，这是让你清楚你注意观察了多少个人。

如果你是个男孩，在左边的栏里标下每个路过的女人。现在注意看这些路过的女人，在右边的栏里标出你想与之约会的女人。你这么做完全依赖于这些人的外貌。我知道这很肤浅，但我还是要求

你这样做。第一个走过来的是一个 60 岁的老妇人，你在左边的栏里做了记号。你会对自己说："太老了。"第二个走过来的是一个 5 岁的小女孩，你还是只在左边的那一栏做了记号。第三个走过来的是个与你年龄相仿的女人，但你觉得她并不吸引你，于是你只在左边的栏里做了记号。终于走过来一个你可以考虑约她外出的女人，你在左边和右边的栏里同时做了记号。

> 如果我的生命中没有智慧，它仅仅会黯然失色；如果我的生命中没有爱情，它就会毁灭。

最后你会发现左边栏里的记号要远远超过右边那一栏。这就是约会外出的数量游戏。假设你发现纸上的比例是 20：1（或更高一些，是 200：1——这要取决于过路人的多少和周围环境），每 20 个从你面前走过的女人当中，只有一个是你想与之约会的。

假设你始终保持 20：1 的比例，你要约一个女孩外出。但你要知道她也有 20：1 的比例名单，而你却不一定在她的名单上。事实上，你只有 5％ 的机会。为什么你没有在她的名单上？谁知道！为什么在每 20 个女孩中你只挑出一个吸引你的？她们当中，有些太胖，有些则太瘦，有些发型糟糕，有些鞋子难看……你同别人一样是易变的。为什么有的人喜欢鸡块而有些人却喜欢鱼肉三明治呢？没有任何原因，这是很自由、很随机的选择！我们对爱的选择也是如此。

那是一种缘分

你能从上一部分的讨论中看到的是，你喜欢某人而她也喜欢你并愿意同你约会的可能性是微乎其微。如果每个人的平均几率是 20：1，那就是说在 400 个被约的女人当中，只有一个会对那个男人说"可以"。多么微小的几率！

那么，什么是"一见钟情"呢？这很难得，只有百万分之一的机会。当你看到一个人时想："如果这个人肯与我约会，那我真是上天堂了。"与此同时，这个人也有着与你相同的想法。这是最完美的境界，它不会经常发生，只会在极偶然的情况下出现，因为它发生的几率是如此之低。

为什么有些人总能得到心爱的女孩？假设一个人长得很英俊，当他打电话约女孩外出时，他成功的几率会非常高，尽管不会是100％。这是事实。但不幸的是，那些非常有魅力的人在人口分布上只占极小的百分比，其他人都被赋予了其他天分，并据此而活。

提高爱的成功几率

你是否能够做些什么来提高爱的成功几率呢？能。总有一些汽车推销员要比别人做得好。这群人当中有一部分是天资很高，更多的人是通过学习和积累经验而成功的。经验意味着实践——你约会的对象越多则越容易成功。如果你身怀多种技巧并且许多人都喜欢你，这种成功的几率就会大增；如果你对自己充满自信，这种几率同样也会上升。

你也可以学着去辨认信号，人们往往会对自己喜欢的人发出某种信号。年轻人并不擅长识别这种信号。因为我们是刚刚加入这场游戏的新手，而成年人一眼就能看出两个彼此喜欢的年轻人，因为他们了解这种信号。现在你只要在学校里仔细观察周围的人，你也一定会发现这些信号的。

"为什么我会觉得自己如此笨拙？"这是由于你既缺乏自信又缺少实践，假设你是一个16岁的男孩，你会发现有个女孩喜欢你。你同她约会外出并吻了她。这是你人生中第一次亲吻女孩子。或者你们在新年联欢会上跳慢舞，这也是你第一次同女孩子跳慢舞。在这种情形下，你可能会觉得自己很笨拙。你怎么知道自己做的是对是错？你又怎么知道别人不会嘲笑你？让我来告诉你。一般而言，无论你做什么，只要是第一次，都会觉得很笨拙。当你大一些的时候就不会再这样，你会把这些"第一次的笨拙"当做是你成长过程中的必修课来接受。你成年之后就会明白，每个人的一生中都有许多的"第一次"。然而，我们中的许多人，为了某种原因，总是装成自己什么都懂。

寻找交流的话题

你是否注意到成年人见面的时候，他们的谈话都是从谈论天气等一些无伤大雅的话题开始的？他们为什么会这样？你可以用另外一个问题来回答：当你坐到一个与之无话可说的人（特别是你根本不想认识的一个人）的身旁，你是否感到非常不舒服？

说一个人擅长没话找话，就是说这个人能够同他的朋友或陌生人从无话可说到找到话题，从而进行一场生动有趣的谈话。对某些人来说，这很容易，因为那很自然。而对大多数人来说，这种没话找话很不好受，如果你很害羞则更是这样。

没话找话是一种与生俱来的技巧，就像走路、跑步和写东西一样，在某种程度上我们都会做。但要想做得好，就要通过实践来锻炼。

如果你想锻炼这种技巧，你会发现进行一场谈话最难的部分就是开始。你要找出双方都会感兴趣的话题，然后进行整个谈话。人们都喜欢用天气和时事来挑起谈话，因为这都是无伤大雅且每个人都感兴趣的话题。当你使用这种技巧时，你要找到能为你谈话服务的开篇。你也可以学习用问问题或显示对某方面的兴趣来保持谈话。经过几个月的练习后，你会更自然一些。而且你还会从中得到不少乐趣，因为通过它，你会遇到许多有趣的人。

笨拙也来自见到异性时那种"不自在"的感觉。假设你在图书馆正想着自己的事情，你旁边坐着一个令你很想结识的女孩，这时你会怎么做？你可以说："嗨，你好吗？"看看接下来会发生什么事，就算她是一个大人你也可以这么做。什么事都不会发生的可能性较大。你可以用一场精彩的谈话结束这一切，你没有理由在座位上颤抖并感到不安。过去同她聊聊看看会发生什么事，就算什么都没发生，你也不必在意，她不过是个女孩。

她是谁？她只是个女孩。你也许会认为她是世上最美好的女孩，是世上唯一的女孩，在那种情形下同她讲话会让一切变得不同。当你同这个你喜欢的女孩讲过话之后，那些恐惧的信号同样会出现，任何错误都会令你失去她。你要承担巨大的风险，于是你怯场了。

你该怎么做才能解决这些问题？大海里有不止一条的鱼，这个女孩在你生命里似乎很重要，但是如果你走出图书馆，看看那些路过的人，你会发现每天至少有一个吸引你目光的女孩。你每周至少能看到一个令你心跳加速的女孩。你还会发现每个月你至少能遇到一个你渴望拥有的女孩。如果你把注意力都集中在一个人身上，你就会忽略其他的女孩。

公园里的一堂课

我还记得在我上大学时发生了一件有趣的事。这是一个真实的故事，由于我在女生面前总是觉得自己很笨拙，所以我决定锻炼自己讲话的技巧。我走进附近的一家公园，许多老年人常常光顾那里。他们坐在长椅上快乐地交谈着，他们似乎都很喜欢与人聊天。我坐到了一个 70 岁老妇人的旁边并试图与她讲话，因为她已经 70 岁了，所以我毫无压力。这是我第一次做这种事，我吃惊地发现自己是如此笨拙。我竟无话可说！我不知道该如何同一个陌生人讲话。过了一会儿，我解决了自己的问题，我跨越了年龄的障碍并同她攀谈起来。在这之后不久我便能很自然地同陌生人讲话了，这种变化不是发生在一夜之间。我为此练习了好几个月，从中我学到了许多东西。

一天，我再次走进那个公园时，看到在长椅上坐着一个非常迷人的女人，阳光洒在她的身上，很美。我坐到她旁边猜想她在做什么，之后我们进行了一场非常愉快的谈话。我们很自然地谈了 20 分钟。然后呢，我们是否陷入爱河、结婚，并生活得很快乐？不是。如果你那样想就真是太傻了。我们只是进行了一场很轻松的、毫无压力的谈话。这是我生命中一个重要的里程碑。

公园里的那几堂课教会我怎样很自然地同女人、同陌生人讲话。

一次，我同几个朋友去参加一个聚会。在那儿我看到了一个非常美丽的女人，她美得令我眩晕。我走上前，我们很自然地交谈起来，这次交谈让我们都感觉不错。当我再次看到她时，她还记得我，我们又聊了起来。等我们又一次相遇时，除了聊天，我们决定一起走一走。不经意间，我们走进了同一个公园，终于我们坠入爱河并结了婚。

这种很自然的渐进过程就是世界的运行方式。把它同你处理与异性的关系比较一下，你发现一个吸引你的人，你开始梦见他或她，这种状况持续了几个星期直到你无法再忍受下去。你终于鼓起勇气，带着万分的紧张拨通了电话，约他或她出来，然后……你得到的也许是拒绝。你失望到了极点，当你再次遇到那个人时，你所遭受的巨大屈辱会驱使你向相反的方向跑去。这是一种正确的做法吗？不是。

成年人做事的方式与此完全不同。他们不会对某个人朝思暮想辗转反侧，大多数成年人只会互相走上前并自由地交谈。这种谈话完全没有压力，有些信号可能会发出，也可能不会，或许两个人的关系已经确定下来了，这种事往往发生得很自然。像这种偶然的、没有什么特殊意义的谈话会发生许多次。谈话中只有一些积极的兴趣而没有公开的消极信号，男士可以说："嗨，我想来点咖啡，要我帮你倒一杯吗？"这时女士会说："不，谢谢。"她这么说并不会造成什么伤害。或者女士可以说："这主意听起来不错，你不介意我一起来吧？我也想休息一下。"在此之后是一次次的偶遇，二人间的关系就这样自然而顺畅地建立起来了。如果彼此数不清谈话的次数，那说明在他们的交往中没有紧张和不安，彼此间也从未拒绝过对方。或者你硬着头皮继续去打电话，你极有可能遭到对方的拒绝，但不要难过，接受它，因为这是生活中的事实。

失恋是一个成长过程

在恋爱中最根本的问题就是你要面对失恋的危险。你也许听过这句话："爱过而后失去也要好于从未爱过。"在你失恋之前这听起来似乎很动人，但在失恋之后就又是一个完全不同的故事了。

失恋，对你造成最大的伤害是让你有一种受骗的感觉，甚至会产生轻生的念头。你无法忍受最爱的人弃你而去。下面是一个典型失恋者的来信：

> 过去，一切都很完美。我们在高中相遇，我是她的第一个男友，而她也是我的第一个女友。
>
> 在这五年当中，我把自己全部的爱都倾注在她身上。我把我的心、我的信任和我的承诺悉数交给了她。直到两周前，我还以为她会伴我走过一生。
>
> 现在她想同别人约会。她很好奇那会怎样，她觉得在她的生命中遇到了一个更吸引她的男子。
>
> 正因为相识这么久，又爱她爱得如此之深，我才觉得她真的伤害了我的心。这是难以预料的，我不知道自己还能期待些什么，我只希望她知道我依然爱她并能回心转意。
>
> 一切都是那么糟糕。当我发现她在注视某人的时候，我是如此的不安，我深深地感觉到自己被欺骗了，我是如此的空虚。

为什么会发生这种事？是因为恋爱关系的建立完全是随机的、自由的。为什么有人会爱上你，这完全没有理由；而为什么她（他）又会不再爱你，这同样也没有原因可究。当这种事发生时，你唯一能做的就是接受它，并感激你曾拥有过一段美好的时光，然后走开。

你生命的重心是自己，唯有你才能给自己最有力的肯定。

秘密十一
● 婚姻的秘密 ●
On marriage

在现今社会里，婚姻能为我们架构稳定的家庭。一个男人和一个女人为了生活在一起而共结连理，在婚姻的契约下，他们常常会生儿育女。这张契约对孩子来说也是无害的，它保证了父母对孩子的忠诚，也保证了夫妻能够彼此忠于对方。

婚姻是一生的承诺

　　我还是青少年的时候，曾以为结婚是很自然、很简单的事情：恋爱、结婚，然后同所爱的人快乐地生活。真是这样吗？这只说明你的世界观还很幼稚，因为你忽略了其中很重要的部分。对于青少年来说，结婚是因为爱；而对于成年人来说，结婚是为了停留在爱中并同所爱的人终生相守，尽管作为个体的夫妻双方会随着时间的流逝而有所改变。婚姻本身是很简单的，只要两个人愿意，只要符合法定条件，他们可以在任何时候结婚。来自婚姻的挑战是如何使其终生不渝。

　　作为青少年，你也许会说："什么使得结婚困难？什么是对婚姻的挑战？如果我能找到一个令我深爱的人，而她也深爱着我，那结婚就是很自然的事。无论发生什么事，爱也会让我们永远在一起。"在本经验中，我想告诉你为什么婚姻是一项挑战，为什么对它不能草率行事，你又该如何理解来自婚姻的挑战。

　　结婚后的开始几个月会很轻松，这段时期叫作"蜜月期"，它也许会持续一年。之所以会出现蜜月期，是由于夫妻双方沉浸在新婚的快乐之中：能够生活在一起，期待美好的未来，组建自己的家庭、性爱、信任、亲密等等。蜜月期的存在也是受到了浪漫之爱的影响，这种影响掩盖了二人之间的问题与分歧。当他们意识到要用一生的时间来履行这张契约的时候，也就到了蜜月期结束之时。让我们看看如何对婚姻保持终生不渝：

　　✿ 婚姻是一生的承诺。这份承诺会产生许多好处：稳定、加强经济力量、团结、信任等等。然而，如果一方或双方滥用这个承诺，那么它也会产生许多不利之处。假如一个人被告知："我们给你一份终生的工作——你永远不会被解雇。"大多数人都会继续努力工作，但有少数人会把这当做一个保证而变得极端懒惰，婚姻也是如此。因此夫妻双方都应努力避免出现这种自满情绪。

　　✿ 婚姻意味着分享一切。分享意味着任何一个主要的决定都会涉及整个团队。如果夫妻双方在某件事上无法达成一致，矛盾就会由此产生。许多人喜欢在生活中自由行事，婚姻却迫使你做出许多妥协。如果两个人有不同的消费习惯（一个愿意攒钱，另一个更愿花钱），这就会使家庭关系变得很紧张。

❋ 婚姻就是要你同一个人共守一生。当夫妻双方还在"恋爱"时，这很容易。一旦浪漫之爱的影响逐渐减弱，或"恋爱"关系更多的是被友情所取代，那么，一些小毛病也会变成很大的烦人之处。假设你同你最好的朋友一起生活了10年，那么再用不了多久你就会觉得他烦。要清除这种感觉需要一定的技巧。

婚姻是个放大器

婚姻就好像一个巨大的放大器。当一切都很好时，婚姻会使这种良好的状态持续下去，夫妻双方会处在欢乐、平和的氛围中。然而，出现问题时，婚姻会把问题的消极面扩大，使得事情不断地向坏的一面发展。

你是否已经注意到许多夫妻都把时间花在了吵架上？你是否想过为什么会这样？这是因为有些时候两个人想去做不同的事情，而这些事情又是互相排斥的。例如：

> 婚姻成功最大的秘诀便是把所有的灾难看成是意外事件，而把任何意外事件都不当做灾难。

❋ 你想去参加朋友的婚礼，而你的爱人要在同一天去商场。

❋ 星期天，你想去逛商场，而你的爱人却想待在家里。

❋ 你想让房子保持整洁，而你的爱人却对此毫不在意。他（她）认为家是一个无限自由、无限释放自己的空间。

❋ 你想买一台新的计算机，而你的爱人却想买一个新沙发。

❋ 你想把壁柜漆成蓝色，而你的爱人更喜欢黄色。

❋ 你想把额外的时间花在工作上，而你的爱人却希望你能回家吃晚饭。

你每天都要面对一种或两种这样的情形，要持续 50 年。这就是来自婚姻的挑战，这也是为什么你要选择一个理想的伴侣的原因。如果你能够找一个深爱你的并能解决生活中这些"小问题"的伴侣，那么你就拥有了一个美满的婚姻，你的一生都会充满欢乐。

寻找理想的伴侣

正是因为婚姻同家庭联系得如此紧密，所以它才是永恒的。也正因为它是一个重大的决定，无论是结婚还是离婚都要做出巨大的牺牲，所以成年人才会对此不断地加以强调。当你和所爱的人结婚时，你们都要宣布，你们会终生不渝。同时你还要向他人宣告，你进入了成年期，已经开始独立建立自己的家庭。你的朋友们明白这是一个多么重大的决定，他们会送一些结婚礼物，希望能对这个新家庭的成立有所帮助。你可以设想一下，一对恋人在一个小镇里结婚，这对夫妻开始组建属于自己的家。小镇里的人们纷纷送出了新婚礼物,使得这个新的家庭更易于建立起来。回想一下经验一的内容，你已了解到建立一个家需要多么巨大的开销。婚礼上收到的礼物会帮助你度过这段艰苦时期。

你已看到了婚姻是一个多么重大的决定。它不是周末的一场宴会，而是你对所爱的人一生的承诺。因此你的父母会希望你能找到一个理想的伴侣：

❀ 能帮助你处理家务的人。
❀ 稳重、善良的人。
❀ 性格温和的人。
❀ 工作勤奋并拥有一份好工作的人。
❀ 这个人会成为合格的父亲或母亲。

这些是最基本的条件。作为一个好的配偶还应具备一些优秀品质：

❀ 信任——当夫妻间能够绝对地信任对方时，他们彼此就会拥有很大的自由空间并能够充满信心地走完一生。

❋ 忠诚与责任——夫妻双方的信任是建立在忠诚与责任基础上的。许多人结婚时都带有这样的想法："如果我不喜欢，我就到别处去睡或干脆离婚。"这是造成婚姻灾难的祸首。婚姻就是要你对自己所爱的人负责任。

❋ 互助——作为生活中的伴侣，夫妻间要能够互相帮助。如果两个人能够同心协力，那么婚后的生活要比单身生活好应付得多。

❋ 友谊——好的夫妻应该是一对知己良朋，他们会从这份友情中获得无限的欢乐。

❋ 亲切——夫妻间除了爱和友情之外，彼此还要能够亲切地善待对方。

❋ 耐心与理解——好的夫妻能够理解，并原谅对方所犯的错误。

❋ 接纳与支持——好的夫妻要能够接纳对方。当一方陷入困境时，另一方要表示出对他或她的支持。

如果一对夫妻能够在婚后表现出这些品质，那么他们的婚姻就是成功的。如果他们缺少这些品质当中的一个或多个，那么可以在某种程度上说这场婚姻是失败的。

以下事情常常会引发婚姻的破裂：

❋ 钱财上的不一致——如果一个人较节省，另一个却喜欢消费，那么由此引发的矛盾极不易被消除。

❋ 懒惰——如果夫妻中的一方不愿意花力气整理家务，那么由此而产生的矛盾会为生活制造许多压力。

❋ 倔强——如果夫妻中有一方或双方都不肯妥协，那么这段婚姻很难再维持下去，婚姻依赖于互相理解，总有一方要做出让步。

❋ 不忠诚——婚姻的支点就是要"一生忠实于你的配偶"。一旦你违背了这一条，这场婚姻也就宣告结束了。

❋ 对待孩子上的不一致——如果一方想要孩子，而另一方不想，那么你们最好不要结婚。这种分歧永不会被消除，因为无论一方怎样做，也不会使另一方满意。

❋ 肉体或精神上的虐待——受虐待的一方将无法维持自己的健康与安全。

✿ 其他——酗酒或毒品会毁灭任何一场婚姻。

作为青少年，你可能从未把婚姻想得如此复杂。然而，你要把婚姻理解到这种程度并能认真地对待它是很重要的。

当你结婚时，你就要在你一生中剩下的时间里始终如一地忠实于你所爱的人。把这点牢记在心中，你就会明白为什么你的父母会把婚姻看做是一场巨大的交易。

面对婚姻的利与弊

通过上文的讨论，你会看到婚姻中的有利之处与不利之处。有利的是：

✿ 无条件的爱和持续的稳定——你不用再担心约会、失恋什么的。在你生命中剩下的时间里始终会有一个你爱的人和爱你的人。

✿ 降低生活成本——对夫妻会有更多的空余时间和更多的钱，因为生活开销和家务都由两个人共同承担。

✿ 自信——当得知在这个世界上有一个始终如一爱你的人时，你总是会感到很安慰。这种承诺会给你增添无穷的自信。

✿ 会有孩子——在一个稳定的家庭里，抚养孩子是件很容易的事。

除了有利之处，结婚还有一些不利的地方：

✿ 你被一个人束缚住——如果你想每周与不同的人度过，那么你就不适合结婚。

✿ 你要放弃许多自由——婚后每个决定的做出都要经过夫妻双方的商量。

✿ 你不得不努力维持这些优秀的品质——要做到信任、忠诚、亲切、耐心等这些品质并不容易。婚后你每天都要使用这些品质，并要做到更好。如果你不愿为此付出努力，你就不会有美满的婚姻。

如果你发现自己处理不好这些不利之处，那就说明婚姻并不适合你。

　　你完全可以掌握你的价值观和对待人生的态度。你可以选择快乐，也可以选择悲伤；可以乐观向上，也可以悲观消极；可以积极开朗，也可以安静内向；可以诚实正直，也可以狡猾奸诈。唯一能够掌握这一切的只有你自己。本篇将引导你正确把握自己的人生。

我的信念

Attitudes and Values

对爱情的渴望，对知识的追求，对人类苦难不可遏制的同情，是支配我一生的单纯而强烈的三种感情。这些感情如阵阵飓风，吹拂在我动荡不定的生涯中，有时甚至吹过深沉痛苦的海洋，直抵绝望的边缘。

爱与知识的可能领域，总是引领我到天堂的境界，可对人类苦难的同情却经常把我带回现实世界。那些痛苦的呼唤经常在我内心深处引起回响。饥饿中的孩子，被压迫、被折磨者，给子女造成重担的孤苦无依的老人，以及全球性的孤独、贫穷和痛苦的存在，是对人类生活理想的无视和讽刺。我常常希望能尽自己的微薄之力去帮人们减轻这些不必要的痛苦，但我发现我完全失败了，因此我自己也感到很痛苦。

这就是我的一生，我发现人是值得活的。如果有谁再给我一次生活的机会，我将欣然接受这难得的赐予。

——〔英〕罗素

先以"放心"去面对，再以"用心"去解决。

秘密十二
● 自信的秘密 ●
Yes you can

　　当我还是个少年时，我常常觉得自己像个傻瓜，但有趣的是我是班里学习成绩最好的人。我以前不擅长运动，曾花了许多时间在这上面，然而后来我一天骑自行车超过 100 里。以前我觉得每个人都讨厌我，可现在我身边却有那么多爱我的人。也许你不禁会问："这个人在少年时期有什么不对吗？"这种"不对"对我们中的许多人来说都是一样的——那就是缺乏自信，心理学家把这种情况称为"缺乏自尊"。无论你怎样称呼它，它都是你对自身价值和能力的怀疑。

缺乏自信者与成功无缘

缺乏自信是件很可怕的事，它剥夺了你许多成功的机会，浪费了你宝贵的时间，甚至会激活那些能伤害你的情感，把你击垮。在极端的情况下，它甚至会使你走上自我毁灭之路。

如果你是一名缺乏自信的少年，那么我知道当我对你说"你是一个不错的人，一定要对自己有信心"时你会怎么想。你会想："是的，对你可能是这样，但这并不是指我，我是一个失败者，是个傻瓜。我生活在痛苦中，我讨厌自信。"或者你并是那样极端，只是稍微有点厌恶自己。在本章中我们要做的就是帮助你以另外一种方式来认识世界。

学会接纳自己

让我们从陈述一个简单的事实开始：你是人类中的一员，在这点上你同其他人并没有什么区别。你有坚强的一面，也有软弱的地方，你有优点也有缺点，因此你同别人一样平等，同别人一样有价值。然而你自己却不愿相信这些事实，你无法把自己和别人放在同一个天平上。你对自己缺乏信心，不肯承认自身的价值。

我知道当你看到周围的人时会想："他有运动的天赋，她很有聪明才智，她有……"然后你可能会认为："这些我都不擅长，无论我做什么都做不好。"事实不是这样，实际上你也同别人一样在某一领域内富有才气，你也有发展这种天赋的欲望。在这点上，你同其他人没有区别，唯一不同的是他们发现并接纳了自己的天赋，而且已经开始在利用这种天赋。但你没有，你所欠缺的就是接纳自己。

自信潜藏在你的意识中

此段引文取自康洛德·希尔顿的自传《做我的客人》：

我，一个人，四处流浪着。从一个旅馆到另一个旅馆，从一个地方到另一个地方。我尽可能地去借笔费用，总是从这儿借1元，再从那儿借1元，却始终不够好运……正在这时，盖尔沃斯顿的穆迪斯正准备取消我对抵押品的赎回权。他们认为我已无望赎回这些东西。我现在的债务已达到30万元。我把希尔顿旅馆押给了他们。几个星期后，他们接管了希尔顿，接管了我妻子和母亲的房子，并控制了我的合伙人的命运。我已经一无所有了。

这就是康洛德·希尔顿宾馆的创建人，现在他已是拥有43万名员工，每年要迎接400万客人的亿万富翁。数百万的成功者都有过这样的经历。

通过上段文字我只想告诉你，你现在缺乏自信，认为自己不会成功，是因为你只看到了自己的失败之处，并把注意力都集中在它们上面。你错过的是"即使是充满自信的成功者也有出错的时候"，这是任何人都避免不了的。甚至是既成功又充满自信的人也会有马失前蹄的时候，这是生活中的事实。

成功者与失败者之间的区别就在于成功者能够不断地拼搏直至成功的彼岸。当我们看到他们时会说："这对你们当然很容易！"事实并非如此。有些人偶尔获胜，他们靠的是运气；更多的人靠的是不懈的努力来达到自己最终的目标，实现自己的理想。自信潜藏在你的能力与自身价值之中，它给予你力量，帮助你在逆境中拼搏，直到你看见希望之光，并将梦想变为现实。如果你能够正确地认识自信并承认它在你身上所起的作用，那么这种艰辛也会充满乐趣。艰辛是你为了实现理想、实现自身价值所必须付出的代价。我们更注重的是努力的过程而不是结果。

七种建立自信的方法

下面有一些方法能够帮助你消除自我憎恶的不良影响并为自己建立信心。尽管这要花费你一定的时间，却很有效果。具体如下：

❄ 列一个能力清单，写出你所擅长的一切。如果你觉得自己真的什么也不会做，那么你现在就从小事做起。如果你认为"我很会组织一场晚会"，那你又怎会做不好？如果你真地做不好，就找一位能教你如何策划、安排一场晚会的朋友，学会这些技巧，按你想象中最理想的样子来安排一场晚会。之后，你会说："我用自己的方式把它办得很好。"当你想"今天早上我会把牙刷得很好"时，你又怎么会做不好呢？当然，你会把许多的事情做得很好，不论大小。列出你所擅长的一切。你每天都要把它们读一遍，并逐步做出改进。

❄ 接纳赞扬。当有人赞扬你的时候，无论大小，也无论为了什么原因，你都要说声"谢谢"。这就是你接纳赞扬的方式。决不要说"在这种事上称赞我，他一定是个白痴"，而要想："这真是太棒了！"对于赞扬仔细想想并接纳它，你会明白别人称赞你的原因，没有人会无缘无故地这样做。

❄ 成功能增强你的自信心，因此你要把握住每一个可能成功的机会。这就是为什么运动员总是充满自信的一个原因。他们在比赛中获胜，并泰然地接受这些胜利。

❄ 每天回家后，你至少要写出 5 件你在这一天里做得很出色的事情。有些时候可能很难找，这时你要尽力去挖掘："今天我帮了朋友一个小忙。""我每堂课都按时上了。""我在考前复习中做得很好。"无论什么都行。坚持把这些事情记在笔记本上，常常把它拿出来看看，找出典型事例并把它们加入到你的能力清单里。

❄ 每个人都有超人的力量，这也许令你难以置信，但是事实。把你自己当做超级英雄，你最擅长什么？什么是你所具有的超人力量？问问你的父母和其他成年人对此有何感想。

❄ 说出你的名字。每次与陌生人攀谈时你都要说："你好，我叫赵亮。"在一开始你可能会觉得很不舒服，但你要坚持下去，直到你感觉自然为止。你的名字是赵亮，你以此为荣，你很诚实并充满自信。这就是你在那句话中所要表达的意思。同时别忘了，在说这句话时要面带微笑。

❄ 有些人会想起以前所犯的错误而给自己制造许多麻烦。当你一个人独自生活，想起自己两年前所犯下的愚蠢错误时，你会觉得自己真像个白痴。为什么会发生这种事？那是由于你看到、想到或听到的某些事物拨动了你记忆的琴弦。每个人都会遇到这种事，对青少年来说更是如此。你可以对自己说："噢，它只是一种愚蠢的记忆，让我们结束它翻开新的一页吧。"每个人都会犯错误。错误会对人们造成伤害，是因为它们常常使人难堪并陷入困境。充满自信的人会说："那没什么，让我们找出一个解决的方法，下次不要再犯了。"而且这些人也会嘲笑自己这种偶然出现的愚蠢。与自信者不同的是，缺乏自信的人只会想："上帝，我竟会犯如此愚蠢的错误，我真没用，我是个白痴，为什么我会这样？我恨自己，什么时候我才能学会？"你已经看到，充满自信的人只记得一件事，而缺乏自信的人却说些没用的。让你的大脑对你说些有用的事情，当你想起那些愚蠢的错误时，把它当做过去，并转而想一些有益的事情。不要忘记这是你的大脑，你可以控制它每天对你说些什么。

克服自信的劲敌——恐惧

恐惧是生活中无法逃避的事实。就像愤怒和爱一样，它是你大脑中的情感，你无法将它消除，但你能控制住它。

恐惧与自信相反，它不是让你觉得自己会把事情做好，而是使你害怕把事情搞砸或担心有什么倒霉的事要发生。例如，假设我让你

> 我们无法改变先天的缺憾，但后天的条件，绝对可以通过努力去改变。

沿着一条普通的、有一个街区长的人行道走下去，如果你不出偏差的话，我们会给你100元。这条人行道有10米宽，这是城郊之间或公园之内人行道的标准宽度。你会对我们说："没问题！"很明显，你会毫无困难地走下去。你每天都要这么做，你会从这头一直跑到那头，很轻松地就能拿到这笔钱。

假设我们把这条人行道放在马来西亚吉隆坡的双子星座大厦之间，你现在站在 400 多米的高空中，风在你耳边呼啸着："在这条人行道上行走。"突然间你就会感到异常恐惧。这与原来有区别吗？从概念上讲，毫无不同，如果你在乡间小路上走，最多会跌倒并擦破皮，如果是在 400 多米的高空中行走，你却有死亡的可能，于是你大脑中的风险因素向你传出"恐惧"的信号。

在许多不同的情景中，也会出现这样的恐惧信号。这种潜在的恐惧或焦虑，会使你犯下错误并失去某些重要的东西。这就是我们之所以会崇拜那些伟大的运动员的原因。比如一位著名的高尔夫球选手，在佐治亚州奥格斯塔的马斯特斯锦标赛上，已经打到了第 18 个洞，此时 3000 万只眼睛在注视着他。如果他这杆成功就会赢得比赛，如果他失败就会与冠军无缘。我们敬重他是因为他能控制自己的恐惧从而走向胜利。体育运动能教会人们在压力下控制恐惧，特别是在赌注很大的比赛上，做到这一点并不容易。

一个能让你克服恐惧的方法就是通过实践来锻炼自己。如果你想在双子星座大厦间行走，那么你要从不同的高度练起，这比你一开始就在双子星座大厦间行走要容易得多。你可以从 10 米开始，然后是 20 米、100 米，一直到 300 米。通过这种练习你既掌握了技巧又为自己建立了信心。你能了解可能会出现的不同情况，看到那些潜在的失败因素。你能无畏地面对恐惧，并将它完全控制住。

自信能够给你勇气，让你面对恐惧。并且它是人类的一种情感，你只有自如地掌握它，才能将之充分利用。

自信者的思想

充满自信的人和缺乏自信的人在思想上究竟有何不同？

让我们从陈述一个最大的区别开始。下面是一个缺乏自信的人的心灵独白：

我的天哪！
我是世界上最傻的人。我真不敢相信自己竟会愚蠢到这种程度。我今天竟会犯这种只有白痴才会犯的错误。我真愚蠢！我恨不得马上去死。我什么事都做不好……

以下是一个充满自信的人对自己所说的话，请比较一下：

> 今天真的很不错。我很高兴自己今天能同吉姆这样讲话。我想我一定给他留下了深刻的印象。我很吃惊自己今天能在这种情况下做得很好。明年我就能拿到学位！我想下次我同他谈话的目标是……

那个缺乏自信并憎恶自己的人把注意力都集中在他的错误和愚蠢上面，忽视了自己做得好的一面。这种人总是想起过去自己所犯的错误，并不断地用它们来打击自己。而充满自信的人则把注意力放在好的方面，并期待自己在将来做得更好。

一个充满自信的人能从一些很小的事情中得到许多重要的信息。看看已走到目的地的那些名人，自信者会想："他们都是从小开始，就像我一样；他们在成长的过程中学到了许多东西，就像我一样；他们也会犯错误，就像我一样；他们也都来自底层，就像我一样。看看他们现在处在什么位置上，总有一天，我也会达到那种程度，就像他们一样。现在我该怎样帮助自己去实现理想呢？"缺乏自信的人会说："他们真走运！我永远都不会像他们那样，他们天生如此。而我却蠢得要命！我恨自己。"

有自信的人能够实现自己的梦想。所有这些人在出生时都与你一样，他们并没有任何特别之处。他们有天赋，但同样也会遇到问题，陷入困境。他们也都经历了从孩子到青少年这段时期，什么使得他们获得成功？他们只是发现了自己所擅长的东西并不断地为此努力，直到他们拥有今天的一切。每个人都有天赋，你的目标就是去发现它并为此不断拼搏直至成功。

只有你才是生命的重心

美国职业棒球大联盟有一位非常特别的人物，他叫亚伯特·吉姆，他之所以特别是因为他是一位独臂选手，而且是一位独臂投手。

人们常常在电视转播中看到，他每投出一球后，熟练地将原先夹在独臂腋下的手套快速地转套到完好的手上，做好准备动作。而每当球传进他的手套时，他也能熟练地将手套内的球取出，精确地传出去，或做出更好的投球准备。

更令人惊讶的是，亚伯特还在大联盟的投手生涯中创下安打完封的"安全比赛"，这是拥有完整双臂的投手都很难达到的目标，更何况是在全世界水准最高的美国职业联赛上，他简直是百里挑一的一号种子。

事实上，亚伯特并非联盟史上第一位独臂选手，却是不折不扣的第一位独臂投手。投手在比赛中扮演着最重要的角色，常常主宰着球队的胜败，亚伯特之所以拥有自己独特的天空，用他的话来说就是心底的无限自信与对棒球的一种执著的热爱，这种自信鼓舞着他付出了比别人多百倍的训练。

我们都曾听过：某人为了迁就父母的想法，选了一门自己不喜欢的专业，或者娶了自己不爱的人，抑或从事了自己不喜欢的职业。某人看别人在商场中大发利市，便盲目跟从，结果不适己性，经营不善，亏损累累……所有这些都源于缺乏自信，不相信自己能够承担自己的现在与未来，所以你才努力地把自己的一切依附于别人。事实上如果连自己都不能肯定地相信自己，别人的鼓励又能产生什么作用呢？

别人的想法永远不能完全代表你自己，你也绝对有权去决定要不要接受别人的意见或是受不受别人的影响。记住：只有你才是自己生命的重心，也唯有给自己最有力的肯定，才是你成长中的突破，潜能开发的最佳基础。

想一想如下的问题：

❀ 什么情况下，我容易有自我否定的倾向？

❀ 我曾经有过的辉煌事迹、不凡表现有哪些？为什么我能实现这些？

❀ 对我最有效的激励方式是什么？

要常常想想自己的好，并强化这种优秀的感觉，给予自己更多的激励和肯定。不用跟别人比，只把自己当做不断超越的目标，百分之百信任自己，并且在每次达成目标与超越时给予最棒的鼓励，把鼓励别人的话用来鼓励自己。

自信者能够坦然接受失败

缺乏自信的人犯错误或遭人拒绝时他会怎么做？他会为此沮丧。而充满自信的人会勇敢地面对错误总结经验，并把目光放在明天要做的事情上。他只会向前看。为什么要为此沮丧？这于事有补吗？

自信者能够坦然接受失败，并懂得失败是通往成功的必经之路。只有在经历过失败的淬炼之后，才会到达成功的彼岸。所有的成功者都跌倒过，与失败者不同的是他们能够积极地对待从失败中得来的教训。

自信者能够从批评中汲取养分从而使自己做得更好。如果是无益的批评，他们会置之不理并继续走自己的路。如果有人走上前冲你大喊："你不要再钻牛角尖啦！"你可以这样回答他："走开，别浪费我的时间。"你不必对此在意，因为他的话很明显是不正确的。这就是无益的批评，你完全可以置之不理。

自信者喜欢尝试。为了实现梦想，他们往往要试过多次，走过许多条路。而缺乏自信的人通常只试一次，一旦失败，他们便会裹足不前。

缺乏自信的人会不断遭受直接的或间接的打击。"我是如此的愚蠢。"这是他们最常说的一句话。相反，自信者会从中寻找有益的信息。充满自信的人也会犯错误，但他们会把这当做学习的机会而不是用它来毁灭自己。

想成为一个自信者，你要对自己说："我是一个普通人。我有一定的天赋，但我也会犯错误。我同其他人没有什么不同。"在此基础上，你要把注意力放在有益的事物上。对于好与坏你各有一半的选择机会，正因为你有权选择，所以注意好的一面要更容易些。

自信可以让你获得爱

　　充满自信的人和缺乏自信的人在异性面前表现得完全不同。想象一下你是一个很有自信的人，正在自助餐厅吃饭。你旁边坐着一个非常迷人的女孩（男孩），这令你感觉很好。你对自己很有信心，但你知道世界上并不只有这一个女孩（男孩）。你会说："你好吗？"这很简单，那个人也会用同样的方式回应你。接下来你们可能会进行一场很愉快的谈话，也可能不会。但这没有关系。如果你们相处得很融洽，你可以说："很高兴遇到你，以后我能给你打电话吗？"那个人也许会说"可以"，也许会拒绝。在这里没有一丝痛苦、恐惧和勉强，一切都发生得很自然。自信是对你自身价值的肯定，它完全能够给你这样的生活体验。

　　还有一件事你要仔细考虑一下，假设让你回到三年级重新考试，你会觉得所有的问题都很简单，这就是成年人似乎更充满自信的原因。他们经历了太多的风雨，并已能对一切应付自如。对于运动员来说，在不同的比赛中会遇到相同的情况，但他们已经知道要如何处理这些情况。在生活中，你可以做一些事情来帮助自己更有信心，比如通过实践来锻炼自己，不停地去尝试直至你获得成功。你可以想象在一年之后自己会遇到与今天相同的情况，或者试一试在本经验中所提及的各种技巧，看看你在这段时间里发生了什么变化。

成长的过程是从小处开始，再逐步放眼全局，这样可避免不必要的好高骛远。

秘密十三
● 快乐的秘密 ●
Live to be happy

如果人生中的快乐远远胜过于痛苦，那应该算是幸福的人生吧。生活中处处充满快乐，只是有时候我们被其他的琐事蒙蔽了双眼，而忽略了它的存在。要找回快乐的自我，珍爱自己快乐的心，让自己的脸上永远洋溢着快乐的笑容。

看着快乐的那张脸

快乐的人要比苦恼的人生活得更富有生趣。如果能够选择的话，大多数人都愿意同那些快乐的、面带微笑的人走在一起。在生活中陪伴你最久、与你形影不离的是你自己，既然人们都喜欢同快乐的人在一起，因此你有足够的理由让自己快乐起来。毕竟成功往往偏爱那些快乐的人。

每天清晨你起床的时候都要做出选择。你能够决定在这一整天里是把注意力放在那些消极的事物上，弄得自己苦恼不堪，还是把精力放在那些积极的事物上，然后快乐地度过一天。

"快乐"是乐观者和悲观者的根本区别。你可能听过这样一个故事：有两个人看到桌子上的半杯水，在乐观者的眼中，这个杯子有一半被水盛满了，但悲观者杯子看到的是杯子里有一半是空的。乐观者把目光放在积极的一面，看到了未来有"满"的倾向；而悲观者看到的是"空"的一面，未来只会更糟。因此，乐观者会快乐，悲观者只有更苦恼。

在你思考乐观与悲观的时候要记住一句话："你能做到你所期待的那样"。如果你期待某些事情会更好，那么它们就会越来越好。你站到乐观者的一边后，你会以积极的态度来看待世界，而一切也都会随之越来越好。

让我们来看看一个缺少快乐的女孩子的表现吧：

❈ 她缺乏安全感。

❈ 她对自己缺少自信。

❈ 她缺少自尊。

❈ 她害怕寂寞。

❈ 她把什么都当做世界末日，非常夸张。哪怕是一个很微不足道的错误，她也认为是世界末日到了，总是惶恐不安。

❈ 她经常责备自己。

❈ 她总是很消沉。

❈ 她抱怨每一件事。

✽ 她贬低自己。

✽ 当她做错事的时候，她总是埋怨别人。

✽ 如果没有人肯上前与她讲话，她就会很不安。

✽ 她觉得没人喜欢她。

✽ 她经常说要离家出走，但从未做过，因为她的父母把她看得很严。

✽ 她从未快乐过。

对于这个缺乏快乐的人来说，问题在于别人根本不想走近她。他们为什么要靠近她呢？她在抱怨什么呢？

找回快乐的自我

什么能让你终生快乐？什么是你在早晨醒来后对这一天所期许的？什么能让你相信自己是世界上独一无二的，从而充满自信呢？在所有的快乐中都要涉及"找回自我"。

当有人说"我找到了我自己"，他的意思就是"我发现了令我独一无二的因素"，这意味着他从以往的经验和过失中找到了真正令自己快乐的缘由，也就是他所擅长的东西。每个人都有自己擅长的领域，他能从这个领域中获得快乐。有些人在他们的生命早期便发现了什么是自己所擅长的，但大多数人则要花费较长的时间。

"找回自我"的另一部分是"接纳自我"。你要把自己当做一个很优秀、很有价值的人来接纳，你要认同自己，

> 不自私的给予，是获得快乐的最有效的方法。

认为自己会像别人一样成功，一样了不起。

你不会在某天下午就"找回自我"，这是一个积累的过程。尽管这要花上你一天、一个月甚至一年的时间，但你每天都会在自己身上发现一些新鲜而有趣的东西，每天你都会对自己有更进一步的了解。你对自己感到满意，了解周围的一切，并认为自己住在一个美

丽的地方，这就是"找回自我"的意思。

一个缺少快乐的人能够独自解决这些问题吗？能的。首先他要对自己说："噢，我不快乐。但我不想再这样下去了。我该怎样做才能解决这个问题？"答案很简单，他必须看到生活中美好的一面，并把注意力集中在这上面。只有这样做他才能走上快乐之路。在这种积极的思想基础上，他才能不再贬低自己，并看看该为自己做些什么。

快乐从微笑开始

要想快乐，先从这个简单的练习开始——微笑。无论你感觉多么痛苦，都要微笑。想一想在你生活中出现的美好事物，冲它们微笑，然后有意识地努力倾听从你口中说出的话语。你要把那些忧愁的、抱怨的、自责的和痛苦的话语统统扔掉。如果你做得很好，那么随后会出现几天的沉默，这没关系，只是静静的待几天。现在，看看你自己在想些什么。是什么在你的大脑里起作用，让你说出这些话？慢慢的，你要用好的事情来充实这些言语。无论何时，当你发现自己在想一些消极的事物时，你要马上停止，转而去想一些积极的事物。

下面有一个实验我们希望你能做一下：选出快乐的一天，在这一天里你要抛弃所有的抱怨、所有的痛苦和所有不开心的事情。你要快乐，哪怕是假装的。你早上起床时要告诉自己，这是美好的一天。拿出你最漂亮的衣服穿上，让这一天从你列出生活中最美好的事物开始。如果你陷入了麻烦，那么你要向深挖掘，像"我有自来水，在这个世界上并不是每个人都有"，然后面带微笑走向外面的世界，哪怕这个微笑是假装的。无论何时，当你遇到熟人的时候，你都要冲他微笑着说："嗨，你好吗？很高兴看见你！"你还要向陌生人打招呼，对他们说："早上好！"当你走过商店时要说："嗨，今天怎么样？""我今天很愉快！"如果有一个倒霉的朋友对你说："是什么让你这么高兴？闭嘴！"那么你告诉他"我今天就是这么高兴"，然后走开。如果有陌生人对你说："闭上你那快乐的嘴吧！"你尽可以忽视他继续走你的路。在这快乐的一天里，你会发现许多你遇到的人都会很友善地对待你。他们很想与你交谈，问你为什么会这么快乐，他们也会对你微笑，他们愿意与你在一起，因为他们也想从你那儿分一些快乐。

快乐能够营造一片天空，让这片天空下的其他人也快乐起来。一个快乐的人会影响他身边的人，他身边的人再去影响他人，如此辗转波及。

快乐是一种有意识的选择。你完全可以让自己快乐起来，这比让你痛苦要容易得多——你只要改变一下注意力就可以了。我还记得我让自己快乐起来的那天，就好像从身上卸下千斤重担。我完全没必要让自己陷入痛苦之中，那是一个伟大的启示。当然任何改变都不会发生在一夜之间，但那一天却是发生变化的开始。

主动去牵快乐的手

假设你被现在的处境弄得很不开心。也许你不喜欢去学校，或者你的功课不好，又或者你的恋人抛弃了你，你感到很痛苦，你该怎样做才能忘掉这些烦恼而快乐起来呢？

首先你要掌握主动权。你要从一个很简单的事实开始，就是承认自己现在并不快乐，但要下决心改变这种状况。先对自己说"我不快乐"，然后问自己："为什么我不快乐？"你要从不同层次对这个问题作出回答。例如，如果你不高兴是因为你的父母要送你去参加一个你不喜欢的夏令营，那么想一想，究竟是什么使你不高兴，你为什么会不喜欢这个夏令营？答案要尽可能地清楚些。

现在你要问自己另外两个问题：

❋ 我能改变些什么？

❋ 在这次夏令营中是否有什么有意思的事情被我忽略了？

也许在这次你不喜欢的露营中有些事情你能够改变。如果是这样，那么你要再往更深一层想，你可以同别人谈谈你的观点。另外，你要对那些能让你享受到乐趣的美好事物心存感激。

剩下的就是去应付你无法改变的事物了。试着去认清形势的本质。你也可以同别人谈谈，看看他们如何处理与之相似的情况。或者你可以阅读一些有关你所面对的问题的书籍，从中寻找解决的方法。

通过认清形势，改变一些事物和应付那些你无法改变的事物，你会发现自己很快乐，而且也更加成熟了。

珍爱自己快乐的心

如果你发现无论怎样自己也快乐不起来，那么你可能是很消沉。消沉是极度悲伤或遭人拒绝、精力涣散、失眠和对人生不抱有希望的一种心理表现。消沉所造成的影响，严重时会使人走上自我毁灭之路。想想下列内容，看看与你是否相符：

❈ 我有时或经常觉得生活乏味。

❈ 我经常难以入睡或睡得太多。

❈ 我常常感到疲惫不堪。

❈ 我无法集中精力去做什么。

❈ 我对什么都不感兴趣，我从未快乐过，我笑不出来。

❈ 我毫无价值。没有人需要我，没有人愿意同我讲话。

❈ 我常常感到悲伤或沮丧。

❈ 我经常想哭。

如果你觉得它们与你的状况很相符，那么你就该找个心理医生好好谈一谈了。在"今天并不很快乐"和"长时间感到很深的悲伤"之间有着巨大的区别，特别是当后者使你感到绝望的时候。要知道每年在 1000 万到 2000 万的意志消沉者之中，有 1 万人会用自杀来结束自己的生命。通过和心理医生谈一谈，你会对自己的病情有所了解，并得到有效的治疗。

不断地正视失败的恐惧，
直到不再恐惧为止。

秘密十四
● 扬长避短的秘密 ●
Advantage and disadvantage

　　任何事物都不可能是十全十美的，都会有弱势和强势。应该正确地认识自己的缺点，努力改正，并尽量将自己的独特优势发挥出来。学会适当的扬长避短，相信一切事情会变得更加顺利。

生活中的两张脸

有一件事你要清楚，生活中的每件事都有正反两面。例如，买一辆车的有利之处是你可以在任何时间去任何地方；不利之处是那要花费你许多钱，还可能引起一定程度的环境污染。养一个宠物的好处是它能给你做伴；坏处是你要对它细心照料，还要承担它的医疗费用。住在广州虽然有不错的天气，但日常开销很大。

同样的道理，作为一名年轻人，其自身也有好的一面和坏的一面，问题在于我们既不肯承认这些不利之处，也不肯承认那些有利之处，所以我们才无法做到扬长避短。

掌控你的弱势

现在让我们从认识这些不利之处开始。也许你对它们当中的部分或全部已有所了解：

❋ 同成年人相比，你要天真幼稚得多。这就是说你缺少社会经验，因此才会犯错误和被人利用。要想克服这个问题关键在于你要向成年人多问问题，以避免自己犯错误。

> 运用的方法是否正确，将决定最终的效果。

❋ 青少年缺少经济基础。如果你没有钱，就很难在这个世界上生存。你的自由会受到限制。青少年要想战胜贫穷，一个最佳的方法就是去找工作。

❋ 18 岁以下的青少年都同父母生活在一起，这意味着你不得不遵守你父母立下的准则。另一方面，这还意味着他们控制着你的花销。但他们会给你爱，会保护你，教你做人的道理。

❋ 较差的自控能力常使你行为轻佻且易于被激怒。比如今天你很高兴，很爱讲话，明天你或许就突然会很苦恼、令人不舒服，等到第三天你也许会一声也不吱。在这种情况下，许多异性以及你的朋友都会认为你缺乏自控能力。有时你要花很大的力气才能控制得住自己的情绪。因此，克服这个问题的关键在于首先要能面对困难，然后努力控制愤怒，并对自己有耐心。

✿ 有太多的"第一次"：第一次约会、第一次接吻、第一次开车、第一次找工作、第一次……正是因为这么多的第一次，你才会由于缺少经验而犯下许多错误。这些错误会削弱你的自信心，使你不敢认同自己。因此你最好同那些有经验的成年人或同龄人谈谈，你会从中学到不少东西。你要明白有些事情的第一次并不像你期待的那样，所以在做事之前你要拟定计划，至少在心里要有个计划，这样事情才会顺利些。

✿ 你不了解在你周围所发生的一切。例如，可能许多成年人之间的谈话对你来说好像在听天书；而报纸上议论的事似乎也与你毫不相关。因此你要多与成年人接触，尽可能地让自己融入到他们的世界中去。

✿ 也许，你目光短浅，你不会为了今天而回顾过去，因此你往往会错失许多未来成功的机会。现在你要做出长期的决定，凡事要有长远的打算，你要学会看出目前的行为会对未来产生怎样潜在的影响。如果你能认识到这些短处就再好不过了，你可以及早对此采取行动来克服它们的不良影响。最重要的是你要战胜自己的天真，例如，你可以多向有经验的成年人请教，通过学习他们的知识和经验，防止自己犯错误。

认识你的独特优势

现在让我们再看看做为青少年的有利之处：

✿ 你有很多自由的时间可供支配。作为一名青少年，既不用承担什么责任也没有什么累赘可言，时间对你来说很充足，这意味着你可以去做一些需要时间的事情。例如，学一种乐器，学一门外语，学一种技巧，等等。你可能会问："为什么我要学一门外语？"因为等你大一些和挣到足够的钱时，你也许想要去国外旅游或是留学。

想想你未来的打算，趁现在有时间，尽全力为此做好准备。

❀ 易于积累经验。大多数成年人都认为年轻人很懒散。如果你是一个例外，那么你一定会学到许多有益的东西。

❀ 许多成年人都会允许你犯错误并喜欢你问问题，但他们不会容忍成年人这么做。你可以走到一个成年人面前发问："你能告诉我你是怎样得到这份工作并做到现在这个职位的吗？"他们不会被激怒，只会想："啊，现在有一个想做得更好的年轻人，让我给他点帮助。"

❀ 你不会像成年人那样受到经济负担的束缚，因此你有更大的自由。在你 18 或 19 岁时，如果你愿意的话，你可以去你想去的地方。与你相比，成年人有许多负担（家庭、工作等等）。他们要用 3 辆汽车来拉他们的家当，而你能在任何一个地区内获得一份低薪的工作，因为你不需要太多的钱来供养自己。无论什么你都可以从头学起。

❀ 你有充沛的精力。未走进社会的青年总有旺盛的精力，你可以跑很长一段路程，玩很长一段时间，可以整夜地不睡。而成年人则缺少这种精力与热情。

❀ 初生牛犊不怕虎。对于天真，有一点好处就是初生牛犊不怕虎的精神。许多成年人不敢认为不可能的事情，对青少年来说并不是绝对不可能。青少年这种不怕冒险的精神和活力能够帮助他们走向成功。

❀ 你是一张空白的纸，你可以在上面随意地写和画。没有什么能限制住你，无论你想实现什么样的理想和抱负。你可以选择自己喜欢的事业，你的选择是无限的。

作为一名青少年，重要的是你要承认这些内在的有利之处的价值并将它充分利用。试着去写出本文中没有提到的其他有利之处，看看是否能将它们也加以利用。

是我们自己的作为塑造了我们的人格。我们可以把它塑造得精美，也可能使它蒙羞。

秘密十五

● 形象的秘密 ●

secrets of appearance

形象是你思想的眼睛，会无意间泄露你的"秘密"。生活中很多人在第一次见面并不熟识的情况下会"以貌取人"，所以生活中适当的包装还是十分必要的。给人以美丽的一面，也许会给你带来更多的机遇。

形象是你思想的眼睛

一个人的思想意识是通过他的外观表现出来的。假设你有世界上最佳的思想意识，但如果你选择一种不好的表现方式，那么你的思想可能不会被人接受。为了更好地理解这一点，请你思考下列问题：

✽ 如果有人上学时穿得怪里怪气，为什么大家会取笑他，并躲开他？

✽ 假设你同一个未见过面的人约会，到时在你家门前停了一辆又老、又破、又脏的汽车，你为什么对他的印象会一落千丈？

✽ 当你走进一家餐馆，看到一堆脏兮兮的桌子，还有老鼠来回跑，你为什么会转身就走？

✽ 为什么当你走进一家又大又宏伟的银行大楼或办公中心时，你会觉得要比在一间既简陋又凌乱的小屋里舒服得多？

✽ 为什么警员都要穿制服、开警车呢？

成长中，要给自己适度的包装，接受初期的艰难，再创造良好的开端。

✽ 为什么当你交自己的论文时，看到别人的论文都是经过排版、打印装订，再附上一个精美的封皮时，你会觉得不舒服呢？

✽ 为什么许多广告中都有漂亮的图画和精致的模型呢？

✽ 为什么全世界的商品在包装设计上每年要花掉 500 亿美元？

这就是注重外观的原因。每个人都了解这一点。人们都是在不同程度地对事物做出反应。尽管我们不能根据一本书的封面来判断这本书的好坏，但我们第一眼看到的却是书的封面，因此说书的封面也是重要的。这同你包装自己是一个道理。人们依靠你的言行来判断你这个人怎么样。他们是从见到你的第一眼开始判断的。当你走到一个人的面前时，这个人对你的印象如何来自你的外观：

✽ 你的衣着。

✽ 你的发型。

❋ 你的站姿。

❋ 你的面部表情。

❋ 你的问候方式。

❋ 你介绍自己的方式。

以貌取人

你期待别人怎样看你？人们看到的是你外观的一部分并对此做出反应。于是他们对你也会有相同的看法。

❋ 如果你是一个男人，身穿得体的西装，梳着整齐的发型，脚上一双锃亮的皮鞋，那么别人会认为你很稳重且值得信赖。

❋ 如果你是一个女人，穿着漂亮的套装，戴着精美的珠宝首饰，还有迷人的发型，那么人们会认为你是一个优雅大方的人。

很明显别人会这么想。当你看到其他人也是如此打扮的时候，你也会有同感。为什么他们会对你有不同的看法？从上面讨论的内容中我们得出一个重要的结论，就是如果你的穿戴打扮和言谈举止像个青少年，那别人就会把你当做青少年来对待；如果你像个成年人，那么别人就会把你当做成年人来对待。

做出相应的包装

同样的道理也适用于其他事情，无论何时，无论你做什么，都是在向别人表现你自己。确定你的外形是最好的，你很可能会得到任何你想要的东西。另外，你也可以选择把自己包装得富有创造性。虽然"创造性"有时适得其反，但这是你选择"创造性"所必须承担的风险。

例如，如果你要为学校的活动写一篇有关环境保护的文章，那么你首先要确保文章写得流畅、仔细而准确，并符合要求。接下来你要处理"包装"这部分。通过选用质地好的纸张、整齐的排版和装订一个精美的封皮，你要把文章包装到最好的程度。最后，就要看你怎样发挥创造性了。

这个例子提醒你要注意两点，做其他事情时你也要注意这两点：内容和外观（包装）。你要尽力把这两部分都做到最好。

美丽的概念

许多青少年在谈论"外观"的时候都会把它理解为"美丽"，那是因为"美丽"在学校里扮演着重要的角色。然而，你要明白生理上的"美丽"和"成功"毫无联系，看看下列的成功者：

❀ 著名的运动员
❀ 闻名的专家、学者
❀ 政治家
❀ 显赫的商界人士

大多数人从生理的角度上看并不美丽，也不够时髦，但他们相当成功。关键在于：如果你看上去不是个赶时髦的人，这并不重要，重要的是你如何表现自己（你的衣着、举止、表情和言语，你所掌握的知识，你的个人天赋和你的理想）。

因此，"美丽"是外观和内涵的整体表现，二者相得益彰，不可或缺。

任何一件对的、有意义的事，都值得你立即去做。

秘密十六
● 道德的秘密 ●

On virtue

　　你也许能从童年时所看的超级英雄连环漫画书中回想起一句话——"邪不胜正"。特别是当好人把坏人送上法庭的时候，更体现出这句话的正确性。在人生的漫漫长路上，正义所赋予你的力量总是能及时帮助你战胜邪恶。

邪不胜正

正义真能战胜邪恶吗？走正义之路的人都会获得成功吗？那些邪恶的人就一定会失败吗？

答案是肯定的，你不妨想想阿道夫·希特勒。他是邪恶的化身，全世界的人民都反对他，同他作战并击败他。再想想那些犯罪的人，他们终究难逃法网，锒铛入狱。那些毒品贩子，不是毙命于自己所贩卖的毒品之下，就是被其他的贩毒者杀死，要么就是落入法网。还有那些不诚实的人，他们也会为自己的不诚实付出代价。做坏事的人，不是为他们的恶行付出巨大的代价（例如入狱），就是不断地受到良心的谴责，终生不得安宁。而好人终究会有好报。

为什么正义会战胜邪恶？为什么这是生活中不变的事实？为什么你会依据一个人的好与坏便能预言他的未来？

首先，许多人都是正义的，他们不能容忍邪恶。而作为一个整体的社会也对正义起到巨大的推动作用。例如，当有人对你说谎时，你会发现这个人不值得信任，其他人对此也会有同感，于是说谎的人便会丢掉饭碗甚至被驱逐出商业领域。

第二个原因就是做坏事的人会自食恶果，这就是世界的运作方式。也许你做过一次坏事未受到惩罚，两三次后，甚至多次也是这样，但不论如何，由此而产生的报应终究会找上你。

正能胜邪的事实是促使人们多做好事的一个有力原因。俗话说"善有善报"。另外一个原因就是你的良知。

什么是对的？什么是错的？

你每天都要做出许多小的决定，在这些决定中，你的良知指引着你去寻找什么是正确的。在一些大事中也是如此，看看下面的内容你会对它们作何反应：

❀ 我在一家百货商店里看到一个我非常喜爱的帽子（钱夹、钢笔），但是我身上没带钱。周围没有人注意，我是否应该偷偷地把它放进口袋里然后溜走？

✽ 我打碎了窗户，是否应该告诉别人？

✽ 我是否应该约我好朋友的女朋友一起外出？我知道她喜欢我，而我也喜欢她。

✽ 我的朋友皮皮很聪明，并且他还欠我一个人情。于是今天的考试他把正确的答案都写在一张纸上给了我。要记下这些答案很容易，因为所有的问题都是单项选择，而且也没有人会发现。我是否应该抄下这些答案？

✽ 我的父亲是一个油漆工，我有时和父亲一起去为别人刷房子。今天我们来到了一个有钱人的家里，在他家的梳妆台上有一块非常漂亮的手表，父亲已经准备要拿走它。我知道他经常从别人家里拿东西。我是否该任由他这么做？我知道他很喜欢那块手表。

✽ 我发现了表姐不注意落在床头上的日记本。我是否该偷看？

✽ 我在商场里捡到一个钱包，里面有几百元钱。我是把它归还失主，还是拿走现金作为我捡到钱包的报酬然后归还钱包？还是我留下现金，扔掉钱包？

✽ 我的朋友今晚要去撬邮箱，我是否应该同他们一起去？

✽ 今天我应该逃课吗？

✽ 我考得很糟，但我不能告诉妈妈，她会很伤心，她刚刚失去了工作，我就是她的希望了，我是不是应该把成绩改成高分再拿给她看？

✽ 每个人都取笑昕昕，因为她很穷而且穿得也很傻气。我不喜欢他们这样对待她。但我的朋友说如果我保持沉默就说明我爱上她了。我并没有爱上她，我只是认为我们不该这样做，为了不让别人在背后说我，我是否也该像其他人那样取笑她呢？

✽ 我想买一双鞋，我是否应该从母亲的钱包里拿这笔钱，尽管我没有问过她？

✽ 我的朋友要在老师的椅子上放大头钉，我是否该同他一起做？

✽ 我的一群朋友要去参加一个聚会，在那儿有许多牌子的香烟。我的朋友们说吸烟的感觉好极了，我是否可以同他们一起尝试一下吸烟的感觉?

面对以上的每种情形,你都能做出一个选择。你可以选择正确的做法,也可以选择错误的做法。我们中的许多人在该怎样做出正确的选择时遇到了麻烦。下面有三个原因来告诉你为什么年少的我们在这些情况下要找出正确的做法时会陷入苦恼之中:

❀ 我们只是要做某些事情(这些事情使我们"感觉很好",或者做起来"很容易"),但这些事情常常是错误的。要知道我们"感觉很好"的事情并不一定都是正确的。

❀ 如果我们对此停止思考,那么我们就无法判断出什么是"正确"的做法,因此没有做出正确地选择的道德框架。正是由于缺少这种道德框架,使得我们的良知无法正确地运作,或者说不能对我们的行为做出快速的反应。于是我们中有些朋友在做错事的两三天之后才产生罪恶感,但这时可能为时已晚。

❀ 许多青少年的良知都能够正确地运作,而且也能做出快速的反应,但良知有时却被其他的压力控制住了。例如,如果人们都在一个组织中做事,那么他们会把这个组织的行为放在第一位,哪怕当他们知道这个组织在做一件错事时也是这样。他们之所以要这么做,是为了使自己适应于这个组织,并能够被组织接纳。

成长中要建立自己的道德框架

你该怎样做才能建立起道德框架以帮助你分清对与错的良知?在理论上讲你父母和老师能够向你提供帮助,但事实上未必如此。

例如,也许你的父母本身就没有一个很好的道德框架,这可能会对你产生消极的影响。或者你每天会从朋友那里和电视上接收到数以千条互相矛盾的信息。让我们来看一个较为极端的例子吧。你知道谋杀是一种错误的行为,然而在电视上你看到数千人遭到谋杀。电视告诉你,谋杀可以解决各种问题,从不合作的家长、讨厌的老师,到你的所谓"对手",似乎每件事都可以通过谋杀来解决,至少在电视上是这样。你就此想想生活中的小事,没有什么是很明确的。

正因为生活向你提供了许多矛盾的信息，所以你很难分清什么是对、什么是错，除非你有一个强有力的道德框架。

你需要为自己构筑一个道德框架。首先你要有一个清晰的标准来帮助你衡量对与错，然后你要学会使用你的道德框架做出决定。下面有五个问题能帮你构筑道德框架和建立良知。你在任何情况下都可以通过问自己这五个问题来判断对与错：

❀ 我要做的事会对别人造成伤害吗？如果会，那它就是错的。

❀ 我要做的事会违背我对别人许下的诺言吗？如果会，那它就是错的。

❀ 我要做的事会造成毁灭性或消极的后果吗？如果会，那它就是错的。

❀ 我要做的事是违法的吗？如果是，那它就是错的。

❀ 当与别人谈论我要做的事情时，我是否会感到羞愧和尴尬？如果是，那它就是错的。

道德中的五条基本原则

上述五个问题是你构筑道德框架的五条基本原则。现在让我们对此展开详细的讨论：

第一条基本原则是：不伤害别人，无论是在肉体上还是在精神上。

你不愿意自己受到任何伤害，每个人都有与你相同的感受，所以如果你想在这个世界上生存而不被谋杀，不遭人殴打、抢劫和出卖，那么你也不要对别人做同样的事情。换句话说就是："己所不欲，勿施于人。"知晓这条原则，你还会在商店里顺手牵羊吗？不会。你还会取笑别人吗？不会。你还会偷看表姐的日记吗？不会。你可以问问自己："如果别人对我这样做，我会愿意吗？"如果你也不愿意，那么你就不要对别人这样做。

第二条原则同你的个人责任感有关。如果你对某人做出承诺，那么你就要实现诺言。我们将在后半部分详细讨论这个话题。

这其中还有一件容易被错过的事情：隐含的承诺。例如，当你买下一只宠物狗的时候，你就对这只狗作出了隐含的承诺，你就要承担起所有做主人的责任。你要在业余的时间里喂养它、保护它和照顾它。从此以后，这只狗就要依赖于它的主人生活。

第三条原则就是你要做的事不会产生毁灭性或消极的后果。吸毒就可以划到这类问题当中。每个人都能清楚地看到毒品带来的恶果，因此很明显吸毒是一种错误的行为。吸烟也是如此，它会对你的健康产生不良的影响。

第四条原则是你的行为不违反法律。如果是，那么按照社会的标准来讲它就是错误的。如果你认为是法律本身不够完善，你可以通过正当的途径来改善它。但只要这个法律还存在，那么任何违背它的行为都是错误的，都会受到严厉的处罚。不要同法律相对抗。

第五条原则是决不欺骗，做了错事要勇于改正。例如，你欺骗了你的家人，那么你一定不敢面对他们。假设你在考试中作弊，如果你被抓住就会产生严重的后果（被定为不及格、被开除），而且你一定羞于面对你的老师、同学和父母。欺骗是一种错误的行为。

成长中要不断维护自己的良知

美国著名的心理学家劳拉·斯克莱辛格博士写过一本名为《你怎么能这样做？》的书，书中提到了一件事：

27岁的迈克陷入了进退两难的境地中。我们的谈话是从他否认这种事情开始的。他说在成长的过程中，他从不表露自己内心的情感，像羞愧、悔恨和骄傲。我对他的这种做法感到很不安。如果没有了这些情感，我们日常所做出的决定就会变得十分自私自利。接下来我们的对话让他意识到即将作出的决定会使他发生某种变化：

"我真的很想做这件事，但是……"

"迈克，你认为这么做正确吗？"

"正确。"

"那么，当你有了孩子以后，你会允许他们也这样做吗？"

"不会。"

"如果你不让孩子这样做，那你会让他知道该怎样做才是正确的吗？"

"……"

"现在你知道了这么做不对，但你有过冒险的或类似的经验吗？"

"我有。"

"迈克，你认为在你做完这件事之后你会崇拜自己吗？"

"不，我不会。"

"那你为什么选择做不会令你崇拜自己的事情呢？是什么让你认为值得这样做？"

"是的，我该意识到自己这样做也许会失去某些东西。"

"这种事也许很有趣，也很富有冒险精神，但它可能会使你失去某些东西。你会受到伤害，你羞于告诉你的孩子。它还会使你鄙视自己……"

"是这样的。"

"那么，你的决定是……你还打算这样做吗？"

"不，不会了，谢谢你！"

我们把目光集中在对话中对与错、骄傲与羞愧的要素上。因为这会让我们看到未来，找出自私和诱惑同一些要素碰撞得最激烈的地方。通过这种方法，良知被引进到决策过程中来。

这其中有例外吗？你能违背这五条原则吗？当然会存在例外。例如，25岁时你结婚了，在婚礼上，你们发誓"终生相伴"，然而，婚后一年，你的配偶开始酗酒并殴打你。在这种情形下，你有权不遵守承诺，因为你最基本的人权受到了侵害，你有权控告你的配偶并与之离婚，你没理由遭受别人的虐待。当你的人权受到侵犯时，你有必要采取行动。

　　另一个例子：当你同某人约会了 6 个月之后，你发现自己并不想同这个人结婚，那么你就该与这个人分手。尽管分手可能会伤害对方，但你还能停留在这种关系中吗？不能。约会的目的就是要寻找一个能伴你一生的人。一旦你意识到不可能与对方结合，那么你们就要分手。这是不可避免的。事实上你的朋友应该能够理解这一点，如果她（他）不能，那么你就要理智地把握好自己。

不要为错误找借口

　　当人们在寻找借口为他们所犯的错误进行辩解时，问题便出现了：
* 考试作弊算什么，背书才是最愚蠢的。
* 偷这点钱算什么，商店里有的是钱。
* 如果我不对我的朋友说谎，那会伤害到他的感情。
* 我的女友不会介意我同她的好朋友一起外出，因为我同她的朋友根本没什么。

　　在各种情形下，人们说这些话的目的是为了掩饰他们所犯的错误。但事实上，无论他们怎样说，这些错误都是开脱不掉的。

　　许多青少年面临的一个最大的问题就是自私。我们已经在经验二里讨论过，婴儿是非常自私的，而现在许多青少年也是如此，并且目光短浅。你可以问问自己："我真的很自私且目光短浅吗？"如果答案是肯定的，那么你就要重新审视自己。但对于青少年来说，很难让他们放弃所有的借口来认识自己的自私行为。因此，你最好向一个你信赖的成年人寻求帮助。

判断对与错的另一种方法

　　另一种判断对与错的方法就是用一系列的词语来描述你所要做的事情。如果你使用的词语都具有不好的含意，而且你自己也不愿意使用这些词语，这说明你要做的是一件错事。相反，如果你为自己的行为和所用的词语感到骄傲，那么你要做的事很可能就是对的。

下面为你提供了一个词汇表，来帮助你描述自己的行为：

好的词语（美德）	坏的词语（恶癖）
关怀的	冷酷的
整洁的	肮脏的、龌龊的
有同情心的	无情的
自信的	软弱的
体贴的	粗鲁的
有控制能力的	野蛮的、愚蠢的、暴躁的
勇敢的	胆小的、懦弱的
谦恭的	无礼的
有创造性的	死板的
无私的、公平的	偏执的、有成见的
果断的	犹豫的
有原则的	无原则的
热情的	懒散的
虔诚的	无礼的
自律的	不自律的
坚定的	不忠的
机智的、老练的	粗鲁的
感激的	不满的、忘恩负义的
信任的	怀疑的
真实的	欺骗的
优秀的	低劣的
忠诚的、可靠的	背叛的、狡猾的、阴险的
有韧性的	倔强的

宽容的	报复心强的、怨恨的
友善的	敌对的
慷慨的	吝啬的、自私的、贪婪的
温和的	残忍的
助人的	无能的
英勇的	胆小的
诚实的	欺骗的、说谎的
正直的	耻辱的
谦逊的	傲慢的、自负的
理想主义的	冷淡的
聪明的	无私的
欢乐的	抑郁的、消沉的
公正的	偏袒的
和蔼的	残酷的
爱恋的	可恨的
成熟的	幼稚的
仁慈的	残忍的
适当的	贪得无厌的
质朴的	极端的、奢侈的
忠顺的	违抗的、蔑视的
有条不紊的	混乱的
耐心的	暴怒的、急躁的
平和的	争执的、捣乱的
意志坚强的	优柔寡断的
可信赖的	不可信赖的
尊敬的	散漫的、粗野的
有责任心的	无责任心的

有一件事你要清楚，就是当人们变得成熟起来之后，他们只会展示自己的美德，而尽力掩饰自己的恶癖。成年人之所以会赢得他人的尊敬是因为他们将这些美德融进了自己的人格之中。而青少年在行为举止上则更随便一些，因此他们很少能受到尊敬。

对自己负责

任何人在不必独自面对的情形下都会表现得很好，很有理智。特别是当某件事发生时，在你周围有许多双眼睛看着你，你很难明知道是错的还要去做。这在纸上写起来很简单，但在现实生活中，当你面对某种情况时，因你还年轻，便很容易去做错事。在你故意去做了某件错事之后接下来你会怎样做？如果当时你不知道自己做错了，现在知道了你又会怎样做？

人人都会犯错误，这是生活中的事实。但对于错误有两件事你要牢记心中：

❀ 你要承认错误并努力将它改正。

❀ 犯了错误并不意味着你可以逃脱罪名或责任，你仍然要为错误所造成的后果承担责任。

如果你伤害了某人，可以承认错误并说"对不起"；如果你偷了东西，可以把东西归还给被盗者；如果你犯了罪，可以向警方自首。一切会这么简单吗？不会。这其中你是否失去了某些东西？是的，许多事情的结局是不能再改变的。如果你在年少时没有努力没有付出，高考落第，而后又一事无成，那么这是你必须面对而又无法更改的事实。由此，我们得出一个重要的结论：如果你能够在行动前进行仔细的思考，并决定去做正确的事情，那么你就不会为自己的行为付出巨大的代价。

拥有良知的好处就在于它能够使你免于陷入困境之中。如果你能够避免出现不可挽救的局面，那么你应该感激自己学到了重要的一课，并努力不再犯同样的错误。

当你长大之后，你的道德框架和良知会得到巩固。你会把对与错分得更加清楚。这是成年人和青少年的一个重要区别，也是成年人更具自信的一个重要原因。

诚实是一种永恒的美德

你的道德框架经常要受到诚实的考验，诚实是你名誉的基石。在此基础上，你构筑了自己的人格特色。

每天你都要与不同的人接触，别人会问你问题，会让你去做一些事情，你会同他们讲话，你帮助他们。在不同的场景中，你扮演着不同的角色。人们对你的印象就是从这些简单的接触中得来的。通过各种各样的交往，你为自己树立了一个公众形象。

> 人永远在做重要性的取舍，而这种取舍往往取决于心理状态的临界点。

在日常生活中，你完全可以选择诚实：你可以说出事实的真相，你要实现对别人许下的承诺。

你会发现：人们会认为你值得信赖，很有责任心，从而更多地依赖你。换句话说，你会为自己赢得良好的声誉。而这种声誉又会为你带来许多朋友和重要的商业合作伙伴。所有人都愿意同诚实的人打交道。

一旦你远离诚实，就会失去别人对你的信任。例如，如果你对某个人说谎（尽管是为了避免发生冲突和应付糟糕局面的小谎话），并被揭穿，那么你的信用便大打折扣。说谎的次数多了，无论大谎小谎，都没有人会再信任你，你就会陷入进退两难的境地中。

一次诚实不难，一生诚实却很难。例如，必要时你要与某人为敌，你要向别人传述一些他们不愿听到的消息，或者你被迫说出隐瞒的事实。在各种情形下，你能面对困难说出真相要比用谎话同困难妥协的好。

推动自己去做一件事的动力，就像汽油于汽车一样的重要，但更重要的是，你要用钥匙去启动。

秘密十七
● 拒绝的秘密 ●
Learn to say no

每个人都应该有自己为人处事的准则，有时候应该学会说"不"。因为不是一味的迁就就会得到好的结果，虽然有些事情、有些时候你很难开口拒绝。只有学会拒绝的人才能走好自己的路，才可能得到更多人的认可和敬佩。

会拒绝的人才能走自己的路

当有人要求你去做一些事情的时候，你有权说"不"。尽管拒绝别人做起来并不容易，也不会令人愉快，但这却是你必要的选择，是为人的一种原则。只有学会拒绝，你的生活才会变得轻松、愉快。以下两件事也许会对你行使拒绝权有所帮助：

❋ 如果别人送给你一件你不喜欢的东西，你会很轻松地拒绝。例如，你正在进行节食，午餐的时间到了，你走进一家餐馆，服务生端上来一大堆高脂肪的食物，这时你会很容易地对他说："不，我不想吃。"因为你想减肥并且目标明确。

❋ 如果你做事有明确的原则，而且你对自己承诺决不做违背原则的事情，那么你便能够很轻松地行使拒绝权。

在上一章里，你已了解到哪些行为是对的，哪些行为是错的。这其中你可能已经注意到一个问题，就是在某种情形下你很难拒绝别人。特别是当你处在一个集体中，其他人都在做你认为是错的事情时更是如此。一个最好的方法就是为自己树立明确的原则并决不做违背原则的事情。只有这样你才能无视身边的种种诱惑，坚定不移地走自己的路。

找出自己为人的准则

你不妨考虑把下面这几条拿来作为你为人处事的准则。不要为了任何原因而违背它们，只有这样，你才能把自己从困境中拯救出来。

❋ 我不能吸烟。
❋ 我不能吸食毒品。
❋ 我不能与人发生婚前性行为。
❋ 我不能损坏他人的物品。
❋ 我不能说谎。
❋ 我不能对别人食言。

牢记这些，每天都重复一遍。如果需要的话，你可以把它们写在纸上，然后贴在明显的位置上，以便每天都能看到它。如果有人让你做违反原则的事，你可以很自然地告诉他："不，我不会这么做。"这很简单。开始你的朋友会觉得很奇怪，但逐渐他们会习惯你这样做。

除此之外，你也可以列出一些自己期望的事情，当你遇到某些事与此相抵触的时候，你会容易地对它们说"不"。例如：

❋ 我要上大学。

❋ 我要做一个诚实的人。

❋ 我要同我的父母很好地相处。

❋ 我要同自己真正爱的人结婚。

你可能也有许多类似的原则。如果你要为自己树立新的原则，有一点要考虑，它们既要适应环境的变化，又要成为以往原则的延伸。

如何学会拒绝

既然学会拒绝在人的一生非常重要，那么你又该如何学会拒绝呢？

首先，你应当先认真倾听对方的情况，然后再决定是否应该说"不"。当他人向你提出请求时，他心中通常也会有不同程度的担心，担心你拒绝或是给你带来麻烦。因此，在你决定拒绝之前，要注意倾听，请对方把处境与需要讲得更清楚一些，自己才知道如何帮助对方。至少，应该对他的难处表示理解。"倾听"能让对方先有被尊重、被接纳的感觉，在你婉转地表明自己拒绝的立场时，也可以避免伤害对方，因为他能在你的倾听中感受到你的真诚。如果你的拒绝是因为对方的请求超出了你的能力范围，倾听可以让你清楚地界定对方的要求是否可以委婉地拒绝。或许你仔细听了他的情况后，会发现帮助他还有助于提升自己的能力。这时候，你可以在不影响自己的学习、工作及生活的前提下考虑向对方提供帮助。如此，在学习过程中，你可以与对方取长补短，共同提升；在工作中，你可以在收获工作能力与经验的同时，又赢得同事的友谊；而在生活中，你可以获得朋友的信赖和感激，同时收获更多的人力资本。即使你帮不了他，但是"倾听"完他的情况之后，作为非当事人，可能会对他的困境看得更清楚，你可以针对他的情况，给他提出比较好的建议。这样，即使你不亲自去帮助对方，对方一样会理解你、感激你。

其次，在说"不"的时候要学会委婉。在你倾听完对方请求帮助的情况后，如果你认为自己应该拒绝，那么说"不"的态度必须温和而坚定。因为温和的响应总是比情绪化的反应更让对方觉得舒服。情绪是具有感染性的，严词拒绝会引发他人强烈的负面感受。因为，对方在请求帮助的时候往往也是他身陷困境抑或急需要支持的时候，这时候你的激烈言辞势必会在其情绪上火上加油，还会让对方对你产生误解。

再次，在表示拒绝的时候，要从对方利益出发来说明自己爱莫能助的理由。因为从对方的利益考虑，以对方的切身利益为凭借，往往更容易说服对方。比如，你的同龄群体可能要求你与他们一同去做件有违健康成长的事儿，与其直接拒绝，不如让对方相信这种做法不仅会对自己还会给周围的人带来伤害。这样的话，同龄人不会怀疑你的意图，还会对你产生感激之心。

此外，在拒绝之后，对请求帮助的人的情况要表示关心，最好能够提出一些建议。有时候拒绝是一个漫长的过程，对方会不定时提出同样的要求。若能化被动为主动地关怀对方，并让对方了解自己的苦衷与立场，可以减少拒绝的尴尬与影响。

当然，在你拒绝别人的时候，除了技巧，更需要发自内心的耐性与关怀，表达友好和善意是我们拒绝时最重要的原则。否则，对方一旦察觉到你在敷衍他，你在他心中的地位就会下降，你与对方的关系就会受到损伤。

总之，时刻谨记拒绝是一门艺术，它最核心的原则就是无论用什么样的方法，一定要让对方感受到你的真诚和善意，从而取得理解和共识。

目标的制定与执行应该把握下列要点：完整、顺序、期限、明确、分段、强化。

秘密十八

● 互动的秘密 ●

On interaction

　　当你做事的时候，会很自然地期待你的行为能够造成某种影响，无论它是好是坏。但你也许会忽略掉这一点。例如，你做了一次坏事没有被发现，但如果你长此以往地做下去，终有一天会被人抓住。你的所作所为不可能会对你不产生任何影响。

成长中的作用力与反作用力

任何作用力都会产生一个与之相等的反作用力。任何"结果"都有"原因"。你所做的每件事在对你产生一个短期效应的同时都会有一个长期效应伴随而至。正所谓"善有善报，恶有恶报"，这是生活中屡试不爽的事实，也是正义战胜邪恶的主要原因。

由于这种作用力与反作用力的关系，每个行为都会产生一个可预知的结果。请看下列内容：

❀ 如果你吸烟，就可能得肺癌。

❀ 如果你吸毒，就一定会成为瘾君子。

❀ 如果你在商店里顺手牵羊，就很可能被人抓住。

❀ 如果你暂时放弃了学业，轻松自在，你就很可能在成人后因找不到一份让自己满意的工作而辛苦劳累。

从上面的例子中你会看到，每一个"结果"都会伴随着"原因"悄然而至。也许你够走运，但机会并不总是偏爱着你，长此下去，迟早有一天你会受到生活对你的惩罚。

相反：

❀ 如果你能够诚实待人，人们就会依赖你和尊敬你。

❀ 如果你能够独立完成作业，你在考试中就会取得好成绩。

❀ 如果你努力学习并取得大学学位，你就会获得一份理想的工作。

❀ 如果你每周都能读一本好书，你就会获得无尽的智慧。

这里没有悬念，种什么因结什么果。青少年往往会忽视这些，但成年人对此却很重视，这也正是成年人比青少年成熟的原因之一。

你的困惑

看看下面四个青少年：

❀ 一个女孩坐在屋里。"今晚我该做点什么？"她想。她决定试一下新买的化妆品，再穿上一件短的紧身衬衫，然后照照镜子，看看自己是不是很酷。

❀ 一个男孩在房间里想："今天晚上我该做点什么？"他决定和朋友们一起出去，买几瓶啤酒，在街上逛逛。

❀ 另一位女孩坐在屋里想"今晚我该做点什么"的时候，电话铃响了，于是她和朋友到酒吧里去消磨时间。

❀ 又一个男孩坐在房间里想："今晚我该做点什么？"最后他决定同朋友去参加一个能提供啤酒和刺激的聚会。

这四个少年有什么不对吗？他们要去做什么，为什么要这样做？他们这样做的目的是什么？这会产生什么样的后果？任何一个成功者看到这四个人时都会感到惊讶万分，因为他们完全是在浪费时间，而且似乎还带有一定的危险系数。

这四个青少年要面对两个问题：

第一，他们缺少社会阅历，所以他们难以看清其行为将产生的潜在后果。例如，对于那个化妆、穿紧身衬衫的女孩子，每个人都会为她感到担心。

> 一个人的天性不长成药草，就长成莠草，所以他应当时时灌溉前者而芟除后者。

第二，他们缺少生活目标。如果这四个青少年都对生活有一个长期规划，那他们就会选择与此不同的做法。他们会努力将计划付诸实现，而不会浪费时间。正是由于对未来的计划没有安排，使得他们漫无目的地走过每一天，想做什么就去做什么。

在某种程度上说，我们还忽略了一件事，就是价值感。假设有个男子，15岁时他就梦想能拥有一辆漂亮的雪佛莱汽车。在25岁那年，他真的攒到足够的钱并买了一辆红色的雪佛莱。一天，他把车停在朋友的家门口。晚上，有两个15岁的少年打此路过，用一块砖头把后车窗的玻璃敲得粉碎。他们这种举动会令成年人感到心痛。这个25岁的青年能理解他们搞破坏时的感受，也恰恰在此时，他体会到了什么是价值感。而那两个15岁的少年，他们从没有为了实现某种梦想而努力过，更不知何为价值感。

同样，前面的那两个女孩很少珍惜她们的身体，更把自己的未来抛在一边。而那个寻求刺激的少年也没有想过这样做是否会使他的身体和头脑受到伤害。

问题背后的答案

你要明白，世界上每件事的发生都有其原因。而我们在年少时却看不到甚至也想象不到这其中的原因。假设你住在一幢精美的房子里，这是结果。其原因可能是你父母努力工作并不断地攒钱直到他们能够负担得起这座房子的花费，他们可能为此省吃俭用了 25 年。在你看来这是理所当然的事情，可在他们眼中这房子的意义极为重大，这是他们一生的梦想，是几十年努力和辛苦换回来的。

假设你 16 岁那年由于犯错而被学校开除，很自然这会造成几种后果，一般来说最直接的后果就是会陷入贫穷之中。

很多人都没有用好时间来让自己掌握一项技能，他们没有赚钱的能力，因此他们只能与贫穷为伍。这也就是我们通常所说的"可怕的不是一个人在经济上的贫穷，而是在知识上的贫穷"的原因，真正的经济上的贫穷恰恰是由知识上的匮乏造成的。这就是工作的原因和结果，现实虽然有点残忍，却是永恒的真理。记住：天上不会掉馅饼。

当你认真考虑过自己的行为之后仍找不出其可能引发的后果时该怎么办？你可以问问你的父母或令你信任的成年人，他们有丰富的社会阅历并能告诉你会产生什么样的后果。如果你羞于告诉你的父母怎么办？真是这样的话，你更需要了解你所应该知道的每一件事。你可以就此询问一些无私的成年人朋友（商人、律师等），看看他们会怎么说，你要仔细地倾听。

我们常常会为了学到知识而犯下某种错误。这里你要知道的是缺乏经验会造成难以收拾的后果。因此你最好在做事前能就此去请教经验丰富的人，这会对你有很大的助益。

人生如建筑，除了稳固的基础工程，更需要装潢翻修。在不合时宜时狠心改进，你才会成为一个走在前端的有影响力的人。

秘密十九
● 错误的秘密 ●
You are not perfect

　　青少年时期是你最易犯错误的时期，但你能从这些错误中学到许多东西。然而，还有一些错误会对你产生长期的影响，使得你在剩下的生命里要不停地啃食它结下的苦果。以下将向你介绍青少年易犯的严重错误或无法挽救的错误。如果你犯下这些错误，那么无论你多么的悔恨，都已不能再走回头路。

青春期为什么容易犯错?

青春期是人生中的萌动期。在这个阶段，由于生理和心理的迅速变化，你可能会轻易地犯下许多错误，但你同时也能从这些错误中学到许多东西。

首先，你要尽量学会调节和控制自己不愉快的情绪。如果遇到不顺心的情况，最好找到一种合理的宣泄方法，打一场球，写写日记，到练歌房唱唱歌等都可以。当你学会了自我情绪控制和调节时，就说明你进步了，真正长大了，自己帮助自己塑造了健全的人格。

其次，你要意识到逆反心理是进入青春期的你萌发独立意识需求的一种表现。作为青春期的你感到自己已经长大成人了，你会有一种强烈的成人感和独立意识。你很希望自己能像成年人一样受到尊重，做事喜欢自作主张，不希望成年人干涉，渴望独立，你对父母和老师之言不再唯命是从了，往往嫌父母和老师管得太严、太啰唆。你仍习惯于用青少年的思维来看待周围的环境和认识问题。

再次，你要意识到父母的言行举止对子女人格的形成起着潜移默化的作用。一个很少得到父母笑脸和形体语言爱的孩子，长大之后很可能不会去爱别人。一个经常被父母责骂的小孩，长大后会很容易以家长对他的态度对待别人。你父母或者对你的学习成绩要求较高，超过了你所能接受的能力，这些对你来说往往是一种被强加的压力，容易引起你的烦恼。父母过度的生活照顾也会抑制你生活独立性和个性的健康建立。因此，我建议在日常生活中你尽可能地做到自己的事情自己做，培养自己的独立性，一旦你自己能将很多事情单独做得很好，那么你的父母自然会渐渐相信你。

此外，学校也是你生活的主要场所，上学后你会把以往的许多对父母的依恋和希望转移到老师的身上。有些老师你可能很喜欢，但有些老师你可能一点都不喜欢，于是你在上课的时候可能会故意捣乱，与教师作对，这会影响你的学习情绪。

青春期里的你要学习充分的了解自己及这一年龄段的特点，并多听听成年人（包括父母）的建议，减少犯错误的几率。

成长中易犯的五个大错

❀ 吸毒——一旦开始吸毒，你就掉进了一个无底深渊，除非你能获得一个好机会把毒戒掉。

❀ 早孕——如果你在青少年时期就有了身孕，那么尽管你还有许多选择，但这当中绝没有一种选择是有益的。你可以堕胎，但你

> 健康是一切的根本，你若想得到更好的生命与生活，切记：保持健康的身体与心灵。

一生都要背负这个沉重的十字架；如果你找人领养这个孩子，那么你就要在担心和忧虑中度过剩下的生命。任何一种选择都是你不得不做出的妥协，它们会带给你长期的消极影响，这个孩子会束缚住你的手脚，你不能再拥有梦想。

❀ 被学校开除——如果你被学校开除，那么你基本上就是自己关闭了通往理想工作的大门。尽管以后你也许会拿到大学毕业证书，但这会使你多花许多时间。因此你要坚持念完高中，拿到毕业证书，这会对你相当有益处。

❀ 有犯罪记录——犯罪记录会跟你走完一生。任何一个发现你有犯罪记录的雇主都不会雇用你。他们在翻看应聘者的资料时会说："看看，这个人有犯罪记录，我们还是不要给自己找麻烦为好。"这使你在找工作的道路上举步维艰。

当你看到下面这段话时会有何感受？

"我试图自杀，但实际上我并没有这样做。我只想得到别人的关注。"

这是一个青少年在解释自己未成功的自杀行为时所说的话。

自杀是为了获得别人的关注所使用的一个有效的方法，尽管它并不常用。人们发现你倒在地板上时会注意到你，但是第二天他们会对你怎么样？人们不会再信任你，只会

说你精神不正常。

这也是引发青少年犯罪的一个重要原因。由于得不到足够的关注，于是他们决定通过做坏事来使自己的行为出轨，从而遭到警方的逮捕。虽然这么做会吸引人们的注意力，但是现在他们又如何将自己的行为拉回轨道？

通过不良行为来吸引人们注意力的问题在于，这些行为往往会对青少年自身造成伤害。例如，砍断胳膊你会吸引他人的注意力，但你只能靠一只胳膊来度过后半生。你为什么要这样做？这毫无意义。这种行为对你达成目标没有任何助益。自杀、犯罪、早孕都是青少年为了获得关注所使用的手段。但是这些方法会对你的一生造成巨大的消极影响，因此它们没有任何意义。为什么你不看看那些一直在勤奋努力，默默做好每一件小事的平凡人呢？他们都有自己明确的目标，然后朝着那些目标一点点地努力，在努力的过程中他们感受到了充实。

如果你觉得自己没有得到足够的关注，那么首先你要面对现实，说："我没有获得关注，这使我感觉很糟。"然后为自己设立目标："我要解决这个问题。"接下来你可以同父母或成年朋友谈谈，看他们对此有何想法。但是不要让"也许我可以试试自杀"的想法把你引入歧途，那样做不但不能帮助你解决问题，还会给你带来长期的消极影响，你还要为此付出巨大的代价，在痛苦中度过余生。

❀ 离家出走——离家出走会使你无家可归，如果你现在还待在家里，那么你不妨选择其他的做法。不要离家出走，如果你有叔叔、爷爷、奶奶或其他热心的朋友，那么你可以到他们那里待一阵。

作为青少年，你还有很长的人生之路要走，不要做傻事，别让这些错误毁掉你的一生。

在这个世界上，你有许多成功的机会。本篇将带领你迈向成功。

成功规律

Rules to Success

成功没有秘诀。成功是做你应该做的事情。成功不是做你不应该做的事情。

成功并不限于你生活中的某一个范围。它包括你与旁人之间关系的所有方面：作为一个父亲或母亲，作为一个妻子或丈夫，作为一个公民、邻居、工人，以及所有其他种种。

成功并非指你人格的某一部分，而是同所有部分——身体、心理、感情、精神等——的发展相连的。

成功是发现你最佳的才能、技巧和能力，并且把它们应用在能对旁人作最有效的贡献的地方。用朗费罗的话说，它是"做你做得到的事情，并且做好你所做的任何事情"。

成功是把自己的心力运用在你所爱做的工作上面。它是指一个人热爱自己的工作。它需要你全神贯注于你生活中的主要目标。它是把你现在的全部力量集中于你所热望完成的事情上。

——〔英〕塞克斯

只要你不放弃，潜能开发就会成为习惯。

秘密二十
● 远见卓识的秘密 ●
step on a higher level

你要令自己变得富有远见卓识。它会使你认清自身价值，有助于你分析并理解眼前的问题，使你在思考上更具有战略性。许多人无法做到这些是因为他们缺乏洞察力、缺乏远见，这种不足在一生中都会制约着他们。所以，一旦意识到这点，你就要锻炼自己，努力使自己在看待事物上富有远见卓识，并利用它去实现你伟大的梦想。

击出一个思考的球

　　我不是网球明星，但我的确很喜欢这项比赛，我已经打了一年。有一天我和一个好朋友打球的时候，出现了很特别的一击：在这次击球中，我突然能够清楚地看到球并对它作出思考。我站在另一个高度上思考着这场比赛，头脑中新加入的部分在对我说："好的，很好。看看这个球的轨迹，看看你的位置，还要注意对手站在哪儿。如果你移动到这边，就能击到球。你会把球击到对方场内的角落里，而他永远也够不到那个球。"在这场比赛中，似乎所有的动作都慢了下来，我能够在同一时间内做到观察、思考、移动和击球。事实上我真的把球击到了角落里，我的对手也没能接住那个球。

> 长远的目光往往决定了我们每个人之间的差距。

　　在那一刻，我戏剧般地把自己提升到了另一个高度。

　　以前我从未真正地对比赛作过思考，我只是寻着球的轨迹击球，靠本能打球。现在我的意识和思想更多地加入进来，帮助我对比赛做出分析。我不再靠反应击球，而是先观察球和我的对手，再对他们进行思考，然后计划自己的行动。

　　当我在网球比赛中意识到这一点之后，发现这种技巧同样可以运用于其他场合。例如，当你与人交谈时，你的大脑一边在注意着你们的谈话，一边在思索你们交谈的目的。这种技巧在谈判中是相当重要的，它能令你占据主动并击败对方。

我的目标是什么

　　你能将其永远保持住不变吗？不能。你很容易从这种高水准的行动方式倒退回"反应模式"中去。有些事情能够引发一些变化，像疲劳、愤怒等，但你也可以迫使自己避免发生这种变化。最好的一个方法就是你要不断问自己："我要实现什么？我的目标是什么？"

假设你在与一个愤怒的朋友讲话，你有两种方法可以采用。你可以用愤怒回应他，这是最简单但也是最不能解决问题的做法。另一种是你对自己说："这个人是我的好朋友，我信任他。的确是有什么东西把他激怒了。我的目的是什么？我想解决这个问题并维护这段友谊。"然后你问你的朋友："出什么问题了吗？我知道你很生气，是什么令你这么气愤？"通过找出朋友愤怒的真正原因并加以解决，可以避免发生大的争执。有时仅仅是倾听也要好于粗暴的反应，它能帮助你们缓和气氛，从而消除分歧。

如果你为了实现自己的理想而与某人合作的话，那么富有远见卓识能使你经常处于获胜者的位置。你要问自己："这个人需要些什么？这个人想得到什么？什么对他来说是最重要的？什么能令这个人快乐？"找出这些问题的答案并将它们与你的个人欲望相结合，你便能找出令合作双方都快乐的方法。

假设你遇到了问题并弄得自己很沮丧时你要冷静下来，对你可做出的选择进行分析，并把其中的利和弊分别写在纸上。

要想富有远见卓识则要求你能够自律并有一定的实践能力，能为自己树立明确的行为准则，以促使你不断向好的一面发展，同时还要增强自己的实践能力。除此之外，你要努力对可能会出现的问题做出分析，只有这样，你才能够更清楚地看到自己的未来。

培养高水平的思维

如果你能够提高自己的思考水平，那么当你对某些概念问题进行思索时，你会从中得出很清晰的结论。这就是说思考时要从普通人的角度出发，而不必站在特殊的位置上，开阔的思路总要好于死钻牛角尖。

假设你决定以某种方式去赚钱，比如你打算沿街道去拾废弃的易拉罐。在你这样做了一段时间之后，你会对这种谋生方式有所体验，你能用这种废弃的容器换钱。如果你日复一日从不间断地做，那么你一年可能会赚到 1000 元。

现在一切都很顺利。但是你有能力让自己做得更好，为自己拓展更开阔的空间，努力更上一层楼。也许你会从以下对你人生之路的思考中获得进步：

❀ 思索之一：我在街上拾废弃的易拉罐。

❀ 思索之二：我把这些废弃的易拉罐分成两类——铝制的和其他种类。铝制的还有一定的价值同，可以把它们卖给回收中心。

❀ 思索之三：我为送废铝制品的人提供整理、分类和运输系统。

❀ 思索之四：我运用了当前国内通用的回收设施，这一系统能使国家将邮送货物产生的废品和包装进行再利用，这样既保护了环境又节省了资源。我在处理铝制品方面建立了自己的产业，并已具备了分类、整理和运送的能力。

第一项和第四项有着巨大的区别。在这里要注意的是我们如何从目光狭隘演变到更有洞察力、更有远见。有趣的是在我们的思维发生变化的同时，就会产生许多机会让我们去做其他的事情。例如：

❀ 如果你认为自己是一个专门为废品整理分类的人（见第二项），那么你既然能把废弃物分成许多不同的种类，当然也可以对其他物品进行分类。你可以为回收的纸、玻璃、塑料以及铝分类。你可以对物质分配进行专门的研究，并出版与此有关的著作。如果有能力的话，你可以制成一种特殊的带有多个部分的桶，让送废品的人为你分类。或许你可以同市政府订立契约，专门由你来处理市内废弃的容器。这样，你既可以从合同中挣到一笔钱，还可以从物质回收和再利用中获得额外的收入。如果你这样做能够降低市政府清洁街道的成本，那么人们也许会很愿意让你做下去。

❀ 如果你认为自己能够对铝进行分类和运送，那么你也许可以自如使用其他的运输方式。例如，你常常在街道和回收中心之间两头跑，或许你可以买一辆铝罐拖车，这样你不但可以在海滩，还可以在沿途的其他地方停留一会儿。你可以停在酒吧和便利店门口，收购那里的空容器。你的路线可以得到延伸，甚至能覆盖整座城市。之后你可以扩展到其他市区，最终你所提供的服务会遍及全国，并成为国内最大的铝制品回收服务公司。

❋ 如果你视自己为国内回收系统的一部分，那么最终你会建立自己的公司，为各种不同的生产商处理废品。你可能会为办公中心工作，集中处理纸废品；或者你同服务站打交道，大量地回收机油和废轮胎；你还可以回收零售店里的废纸板等等。你会发现在这一领域中同样充满了竞争，因此你要么同其他公司合作，要么与他们竞争。

以下是另外一个例子，假设你的父亲是一家快餐厅的老板，他让你假日里去帮忙，你可能会对这件事有多种不同的想法：

❋ 我爸爸让我去帮助打理餐厅的事情。

❋ 我专门负责进货，依据季节的变化向他提供各种不同的货品。

❋ 我是餐厅进货的负责人，我的父母是我的一名客户，我为他们提供优惠价格。除此之外，在我们家附近的中、小学中，还有几十位学生是我可以送盒饭的客户。

❋ 我是遍及全市的快餐厅送货员。我的几位朋友也都是专家团的成员，我们每个人都有各自的服务区域，我们把钱凑在一起去做广告，购买送货设备等等。

❋ 我是快餐厅货品公司的总裁。我有许多雇员和分支机构，而且我还同在这一专业中的其他公司联合在一起，组成大的集团公司。

在这里你看到富有远见卓识最终会使你拥有许多客户、合作者和雇员。所有这些都来自于最初帮父亲打理一下餐厅！

最后的这个例子将告诉你富有远见卓识能令你控制自己的行为。假设周五有一个很大的舞会，我的第一种想法为：

❋ 我要同琳一起去参加舞会。

❋ 我要弄清楚自己是否喜欢琳，琳是否也喜欢我。

❋ 通过与不同的人约会，我要找出一个能伴我终生的人。

我的第二种想法为：

❋ 我要约琳一起去参加舞会。

❋ 琳是一个非常美丽的女人，我愿意与她共度每一分钟。

❋ 我很想同琳结婚。

在第一种情形中，你有一个很笼统的结婚目的。在第二种情形中，你却有一个很明确的结婚对象。你的见解对于这次约会具有很大的影响力。在第一种情形中，如果琳对你说"不"，你会把目光投向其他人。而在第二种情形中，如果琳拒绝你，你很可能会一蹶不振。

有意识地问自己"我的理想是什么"，能令你更有远见、更有洞察力。通过问这个问题，你会清楚地明白自己行事的动机以及你所面临的选择。你所具备的洞察力掌握着你各种成功的机会。如果你能令自己富有远见，那么你将会把握住更多的机会。

训练高水平的讲话

同高水平的思维相关联的就是高水平的讲话，这能使你清晰地表达出自己的观点。

假设你问一个在食杂店工作的男孩："你喜欢这份工作吗？"他可能会回答说："我讨厌这份工作。就连猴子都能干这种活，但我的父母强迫我今年夏天必须在这里打工。"

我们将他的回答同下面这段文字比较一下：

"我从这份工作中学到了很多东西，我希望自己将来能在零售店工作，我也喜欢杂货的生意。食品同人类的生活息息相关，而某些零售店却缺乏食品的进货渠道。我的目标是要了解食杂店内的每份工作，以便将来自己也能经营一间，尽管现在我还只是打杂的。下一步我就要去清点存货，这样我就能学到关于盘存方面的知识。接下来我还要去做出纳。一旦我拥有了这里所有工作的经验，我就具备了做一名经营者的资格。"

注意，第一种回答表明这个年轻人一点也不在意他的工作，而在第二种回答中，我们可以清楚地看到这个年轻人很喜欢他的工作，他把这份工作看做是一个学习的过程，是攀登自己理想顶峰的阶梯。第二个年轻人很明显不满足于自己目前的状况。作为一名雇主，你更愿意提升哪个职员？这并不是很难做出的选择。那个富有远见卓识的人总会成为获胜者。

这其中的关键原因很简单：如果你把自己描述成一个讨厌自己

工作的打杂人员或者是一个以体力为主要象征的男仆，那么别人也会以同样眼光来看待你。相反，如果你能把自己说得富有远见卓识，那么别人对此也会很认同。富有远见卓识的人总是获胜者。而且通过运用高水准的语言来描述自己，你会对你的工作、你做这份工作的原因和你对未来的期许有更清楚、更深刻的认识。

高水准的思维还表现在你的言语对他人产生的影响上。例如：你不喜欢你的男朋友对待你的方式，你的一种反应可能是对他说："我讨厌你！不许你这样！"另外一种反应是对他说："我真的有点不喜欢你对待我的方式，你介意我们谈谈这个问题吗？"注意，第一种反应无疑会引起对方的愤怒，从而避免不了一场争执，而第二种反应却不会造成紧张的气氛。

预见美好的未来

让自己富有远见卓识的一个方法就是多考虑你的未来，而不是只把目光放在眼前。如果我让你介绍一下自己，你可能会说："我是 XX 高中的一名学生。"这是事实，却没有什么用。你应该说："我想成为一名宇航员。我对航天领域已有所涉猎。我要获得机械工程学位以便我将来能进入太空站工作。我要报考 XX 大学。在那里我要加入空气动力研究小组，我会从中获得飞行的经验。目前，我只是 XX 高中的一名学生，正为高考做准备。除此之外我在当地的机场学习飞机驾驶员的课程。"

你在这两种叙述中看出什么不同了吗？第二种回答很有远见，它展示了一个人的魄力和理想。

假设你确信你和你的朋友约好下午 3 点在购物中心见面，但你的朋友迟到了半个小时。你的一种反应可能会是："为什么你下午 3 点没有到？"另一种反应："我们是不是搞错了。在我的印象中我们约好是下午 3 点碰面的。"注意第二种反应不会使得任何一方有负疚感，只会令双方很自然地就此进行公开的讨论。

假设由于你父母的决定你错过了周五晚上的舞会。你对此的一个反应可能是："你们两个笨蛋！我讨厌你们！"另一种反应："我们能对此好好谈一谈吗？"想象一下你的父母如何对待这两种说话的口吻。在第一种情形下，他们会冲你吹胡子瞪眼睛，大声叫嚷。而在第二种情形下，你们很可能会坐下来好好交流一下。

如果你的朋友对你声嘶力竭地叫喊，那么很明显是某件事惹恼了他。应付这种情况的一个方法就是你也如此回应他，但这决不是明智之举。更好的方法是你对他说："我想我们应该静下来谈谈令你生气的原因。告诉我你的感受。"

成年人运用这些技巧来缓和气氛，或避免同愤怒的人发生大的冲突，这就是交际手腕。要想把这些技巧运用自如似乎要下一定的工夫，但这种努力是值得的。当你以某种方式来说某些话时，未必会有人肯听，但如果你能换个方式，尽管不是同样的意思，人们也可能会更听你的话。看看那些成功者是如何与人交谈的，他们又是怎样同你讲话的，你要对此多加注意。成功者了解哪种说话方式会把人激怒，哪种方式能令人理智地交谈，哪种方式会消除愤怒，避免争执。

在使用高水平言语的同时，你是在向他人说明你理解这个世界的运作方式和人们是如何在这个世界中挣扎求生存的。它能使无数个大门向你敞开，帮助你理解发生在身边的一切。不必迟疑，马上开始练习这种技巧，几个月后你会看到发生在你身上的变化。

预先的规划及投资会在无
形中为你省下相当多的时间和
气力。

秘密二十一
● 目标的秘密 ●

On goals

　　人一定要有明确的目标，只有这样才能在人生的道
路上少走一些弯路，少碰壁。没有目标的人生是没有快
乐和幸福可言的，当然成功的路途也会变得遥不可及。
成功只能是你凭借自己超人的毅力，宁死不屈的精神，
痛苦地坚持着走到最后的终点，饱受无数精神折磨之后
的一种所得。成功的路上，一个明确的人生目标是不可
或缺的。

成功者拥有目标和梦想

成功者和失败者最大的区别就在于是否拥有目标和梦想。它们直接决定着你能否成功，并为你的人生赋予许多重大的意义。无论何时，当你在内心深处问自己下面这些问题时，都是你所追求的目标在影响着你：

❀ 我要努力实现什么？

❀ 我长大后要成为一个什么样的人？

❀ 我要怎样度过我的一生？

❀ 人生的意义何在？

❀ 我现在要做些什么？

可笑的是我们中的许多人从未曾有意识地问过自己这些问题。如果你也是这样，那么生命对你来说就是一种浪费，而且许多机遇会与你擦肩而过。有两句话你从前也许听过，在这里有必要再重复一遍：

"没有梦想便谈不上令梦想成真。"

"失败的计划意味着计划去失败。"

满足是思想上的一种贫穷

约翰·斯坦贝克就"目标"一词说了一段很透彻的话："据说人类总是贪得无厌、永不知足。当他们的一个欲望得到满足后往往会祈求更多。这是一种贬义的说法，但也是人类一种伟大的个性，它使得人类优于兽类。兽类总是满足于它们所获得的一切。"

一天，你回到家中坐在床上想："我要去学习驾车的技巧。这是我的梦想。我要为自己设立目标，让梦想成真。"看看今天的日期，是 2008 年 7 月 2 日，你在一张卡片上写道：我将在 2008 年 12 月 2 日拿到驾驶证。

你把这张卡片放在柜子上，以便每天都能看到它。你决定到练车场去看看并对此进行咨询。你的年龄很合适。你要练习 50 到 60 小时的驾驶，还要经过笔试才能拿到驾驶证。而且学费并不昂贵，你的薪水完全够支付这笔费用。

现在你该做什么：马上去报名！没有什么能够阻止你，这是再简单不过了。你每周要上一堂课。为了顺利通过考试，你要掌握所有的驾驶知识。毫无疑问，你在 2008 年 12 月 2 日表演的单人驾车会令你

> 你能够做到你想要做的事情，如果你决定去做的话。

顺利地拿到驾驶证，事情就是这么简单。

一旦你确定了目标，那么一切都会按部就班地进行下去，直到你实现这个目标。想一想你的人生，在你的一生中，你也许有过许多梦想。你曾想有朝一日要做到许多事情，那么就得先为自己设立一些清晰实在的目标，然后采取行动，脚踏实地地向这些目标努力。"好的开始是成功的一半。"有些事情当你开始去做时，就已能够预见其必然会出现的结果。行动起来，为梦想奋力拼搏时，这些梦想便已不再是梦，而注定了要成为现实。

三种不同的目标

一般而言，目标可分为三种。

一是简单的目标——指的是那些只要你肯开始去做就一定能够实现的目标。考取汽车驾驶证就是一个很好的例子。你只要花一些钱，拨出一些时间，按时上课，就会有所收获。还有许多目标也与此类似

❋ "我想获得大学学位。"为此你要做的就是努力学习，以便通过入学考试，并在大学中顺利拿下各门功课。

❋ "我想有一幢漂亮的房子。"你要挣到足够的钱，并筹集到所需要的各种抵押单据，接下来你就可以挑选一幢你梦寐以求的房子。

❋ "我想获得一份好工作。"你首先要找到既能令自己从中享受乐趣又会得到丰厚薪酬的工作，然后学会获得这份工作所必需的技能，最后再去申请这份工作。

❀ "我想自己做生意。"你先要了解各种不同类型的生意，然后找出自己喜欢的，并为此攒足本钱。或者你可以先为从事此种生意的人工作，从中学习做生意的各种技巧。

❀ "我想去法国旅行。"你要挣到足够的钱并买好机票。

二是需要拥有顽强的意志力才能达成的目标——这条通往终点的道路隐藏在荆棘丛中，你只有在经历无数次痛苦之后，才能找到实现梦想的成功之路。下面就是一些这样的目标：

❀ 我要成为最火的作家。

❀ 我要成为最耀眼的女明星。

> 理想并不是一种空虚的东西，也并不玄奇，它是你灵魂航行的舵和帆。

❀ 我要成为大公司的部门经理。

❀ 我要在奥运会上拿奖牌。

三是不切实际的目标——有些目标是无法实现的，例如"我要在千分之一秒内跑完马拉松全程"。

看看前面列出的简单目标，如果你决定从中选出一个作为你的个人目标，那么你的梦想一定会变成现实。在你奔向成功的道路上可能会有些阻碍。例如，你对你的父母说你要去美国留学或工作，他们可能会阻止你，但这并不能让你放弃自己的梦想，你可以到18岁或21岁时再去努力实现这个目标。

再看看第二种类型的目标。达成这些目标的成功之路可能模糊不清，但如果你不开始行动，你将永远不能实现这些目标。你心中要怀有梦想，每天脚踏实地地为梦想成真而努力拼搏。

目标的影响力

目标会对你的一生产生巨大的影响，它们完全改变了你看待事物的方式。这有一个很简单的例子，假设你问自己"明天我要做什么"，如果你没有任何追求的目标，那么每天你不过是躺在沙发上无聊地看电视，日子就这样无声无息地滑过。

如果你有目标，回答这个问题就会容易得多。只要你为自己树立了目标，哪怕是简单的目标，你都会制订计划去实现它。如果你把拿到汽车驾驶证当做你努力的目标，那么明天你或者去工作赚钱，或者去上训练课，再就是为通过笔试而复习。你可以决定自己要走的每一步。

拿上大学来讲，有的人把上大学当做是个人的奋斗目标；有的则是迫于父母的压力；还有的认为除了上大学以外，没有别的事可做。这三种类型的学生很容易就被辨认出来。这一切都同个人的目标有很大的关系。如果实现你的目标需要有一个大学学位，那么四年的大学生活对你来说就有很大的意义，你所上的每一堂课都是你为攀上理想的顶峰而登踏的级级台阶。否则，上课对你来说就毫无意义，各种学位也无法对你产生太大的作用。

因为年轻才有梦

你的梦想是什么？为了实现人生的梦想，你为自己设立的目标是什么？对你来说，你要明白没有什么能限制你的梦想。请看下面的例子：

❀ 我想到月球上去生活。
❀ 我想成为牛津大学的一名客座教授。
❀ 我要赢得学院奖。
❀ 我要在奥运会上拿金牌。
❀ 我要成为一位足球明星。
❀ 我要成为一名百万富翁。
❀ 我要为消灭世界上的贫困作一些贡献。
❀ 我要在繁华的上海外滩拥有一家自己的公司。

在这个世界上有什么能够阻止你实现梦想吗？只有你自己。许多人都会赢得学院奖，为什么这些人当中没有你？从现在起30年后，一定会有一个你的同龄人成为牛津大学的客座教授，为什么这个人不是你？要想实现这些成绩，你现在需要为自己设立目标并马上行动起来，朝着这个方向不断努力。最终你可能会实现自己的目标，也可能不会。但你要记住一点，就是你同别人一样拥有赢得学院奖的机会！你现在所要做的就是马上朝着这个方向前进。因为年轻，所以我们才一直有梦想，又是因为这个最初的梦想，才让我们一步步走向成功。

如何设立目标

参加招聘面试时，常常会被问及："你近1年、近5年、近10年的目标是什么？"为什么有许多人都无法回答这个问题？为什么雇主们都很喜欢那些有追求目标的人？雇主们都很想知道你的目标是什么，因为只有拥有目标的人才会获得成功。特别是那些认真思考过自己的目标并能在面试中将它们清楚表达出来的人更是这样。有目标说明你有人生规划，意味着你在工作上也有计划。有目标也暗示你有管理能力，表明你懂得很好的组织技巧，并能够把头脑中所想的东西付诸实现。

你会发现相当一部分人都没有目标，他们从未问过自己这样的问题，从未考虑过自己的未来，也从没有为自己设立目标或制定人生规划。他们无所事事地走过每一天，如果他们有工作，他们会去上班，那是因为他们"不得不去"。他们每天上班、下班，一成不变地重复着单调乏味的生活。正是由于缺少长期的打算和方向感，生活对他们来说才变得毫无意义。

在你的一生中，什么是你的目标？你想努力实现些什么？如果你对此从未认真思考过，你便难以回答这两个问题。你最好拿出一张纸，坐下好好想想，也许几天以后你会寻找出"有朝一日"你想成就的东西和你最大的梦想。问问自己下面的问题：

❋ 我想实现什么？
❋ 如果我这样做会令自己很酷吗？
❋ 我想成为一个什么样的人？

❉ 如果我能随便挑选世界上的工作，我会喜欢什么样的工作？
……

画一张表，列出你所有的愿望和梦想。每天看一遍，你会发现许多隐藏在你身上的东西——那些你隐约知道但从未写下的东西：

❉ 我想去周游世界。

❉ 我想在树林中盖一幢漂亮的房子。

❉ 我想有一个理想的伴侣，并有自己聪明可爱的孩子。

❉ 我想学滑雪。

❉ 我想成为一名医生。

❉ 我想为解决人类贫穷问题做些具体的事情。

❉ 我想经营一家大公司。

❉ 我不想在人前表现得很害羞。

❉ 我想开一辆耀眼的跑车。

把所有这些都列出来。只要是你想要达成的目标，无论是要你花两天还是 20 年才能实现的目标。

在做完表之后，你要在每件事后边标出完成它可能需要的时间。你可以对它们做些注释，也可以在你认为很重要的目标旁边标上星号。

如何实现目标

你可能会问自己："这样的一个表有用吗？我真的能实现这些目标吗？"为什么不能？唯一能阻止你的只有你自己。你能为自己立下目标，你同别人一样拥有实现它的机会。你也许还会问自己另外一个问题："我如何才能实现这些目标？"在许多情形下，说出这些目标很容易，但做起来却并不容易。例如，你的一个目标是"我想参加汽车大赛"。这是一个很好的目标。为此你不得不到汽车场去练车，其他的选手也会这样做。下一步该怎么做？留心一下，你就会发现许多赛车学校。你可以到那里从基础学起，从与你自己竞赛开始。如果你真想参加比赛的话，你将会发现那里的费用很昂贵，于是你不得不想办法赚钱。你唯一能做的就是去找一份好工作，或者找一个导师或赞助人。这可能会使你卷入找工作的竞争当中……你想到这些了吗？当你为自己设立目标并努力实现它的同时，你会看到各种各样的次目标相继出现。

当你制作了这样的表并定计划去努力实现某些目标时，你会发现你真正地为自己设立了一些合理的目标。一个目标的要求是：

❈ 应该相当的清晰。

❈ 应该有一个明确的最后期限。

❈ 如果是一个大目标，那么对它所涉及的次目标就应该有一个详尽的计划。

设立一个最后限制能帮你避免踌躇不前。例如，假设你的目标是要学会弹钢琴。这里就会涉及一系列的次目标，包括买一架钢琴，找一个老师，赚到足够的学费，还要去上课。如果你设定 6 个月为你买钢琴的最后期限，可 6 个月之后你并没买到，那么你该意识到要重新设立最后期限或干脆放弃这个目标。设置最后期限能帮助你发现问题，并让一切事情都在你的掌握之中。

当你陷入困境时，如果你能够坚持问自己下面这三个问题，你就能够找出一个很好的解决办法：

❈ 我的目标是什么？

❈ 我要努力实现些什么？

❈ 我的选择是什么？

通过问自己"我的目标是什么"和"我要努力实现些什么"，你能够令自己变得富有远见卓识，你能够有意识地去思考问题，而不再只是单纯地对环境作出反应。通过问"我的选择是什么"，你能够看清楚各种潜在的可能性。

改造自己前先简化自己，
千万不要复杂化。

秘密二十二
● 自主的秘密 ●
To be independent

　　人生中会面临许多难解的困惑，在很多情形下，要做出选择并不容易，这时我们应该向那些能够以富有创造力的方法解决问题的人学习。要相信自己完全能够有能力去化解开那些似乎无法解决的问题。等到问题解决后也许你会突然发现原来问题并没有想象中的那么困难，同时自主性也得到了锻炼和提高。

选择决定了你能否成功

为了实现目标，迈向成功，你要能够在各种情形下做出最佳选择，这需要你的研究能力和创造力，还要有乐观的精神和理性的决断力。

成功者之所以会受到人们的崇拜，是由于他们具有那种能够在各种可能性中，特别是在逆境面前做出最佳选择的能力：

✿ 一个优秀的领导者能够直面各种批评和指责，并通过最佳的或富有创造力的做法将各种问题解决掉。

✿ 一个成功的商人之所以会生意兴旺，是因为他能够运用富有创造力的做法来解决遇到的各种复杂问题。

✿ 在"阿波罗13"里工作的宇航员和地面操控人员之所以令人敬佩，是因为他们能够正确评估各种选择，并从中选出最恰当的一种方法，令宇航员安全地返回地面。

大多数在日常生活中出现的问题都不会比上面那些人所遇到的问题更棘手，但它们同样重要。你的成功主要取决于你是否有能力在各种情况中做出最佳选择。

做出你的最佳选择

在许多情形下，你只是坐在那儿对你所遇到的问题进行思索就能够找出很多可供你选择的解决办法。但在一些情形下，你问问别人可能会更有帮助，或者是对这些选择能进行仔细的研究。关键是你要问自己"我的目标是什么"，然后在那些选择中找出能够实现你目标的方法。

案例1

假设你与你的恋人交往了一年。由于经常发生争执，你们之间产生了很大的距离。几周以后，你的恋人不再来找你，你看到她或他同别人约会。你觉得自己受到了欺骗，感到无尽的屈辱。在这件事当中你的选择是什么呢？

❊ 你可以消沉、颓废下去，并找个地方躲三个月。

❊ 你可以每天打 700 个电话去骚扰你的恋人，并哀求她或他回到你身边。

❊ 你可以从他或她身边走过，忘掉这一切，毕竟天下不只他或她一个人。有一天你会找到更好的，你能从这件事中学到许多东西。

第一种选择很明显是既无用又愚蠢的，但还是要把它们放在选择之中帮你作比较。第二种选择做起来很简单，但对你却毫无益处。第三种很常用但对你毫无价值可言。到底你该怎样做？你要成熟一些并能控制自己。在前两周也许很难做到，但决不是不可能。如果能够成功地做到这一步，你会受益匪浅。然后问题会变成"我该怎样做才能帮助自己忘记过去，不再自怜自艾？"

案例 2

假设你决定买一架摄像机制作自己的电影，以下是你正面临的选择：

❊ 你可以找工作挣到足够的钱后买一台。

❊ 你可以要求父母买一台摄像机作为你的生日礼物。

❊ 你可以从父母那里借钱。

❊ 你可以同三四个朋友合钱买一台。

❊ 你可以从亲戚那里借一台。

❊ 你可以自愿为一个摄像器材的活动团体工作，然后看看在周末能否借出来。

❊ 你可以到一家卖摄像器材的商店工作，看看能否以雇员的身份以优惠价买一台。

❊ 你可以到旧物商店或跳蚤市场买一台二手的。

❊ 你不妨看看一些相关的大学里是否有关于电影的课程，你可以报名参加学习。

❊ 你可以到图书馆先读一些有关电影制作的书籍，然后等到你有了足够的钱再买一台。

如果你能够坐下来仔细想想，你自己也会想到这些选择。在它们当中，总有一个适合你的。关键是你一开始想要得到一台摄像机似乎根本不可能，但通过看到这么多的选择，你会觉得很容易便能达成这个目标。

案例 3

假设在这个夏天里你总是忘不了要去美国（夏威夷或其他什么地方）旅行或留学，然而你的父母却坚决不同意你一个人去。在这种情况下，什么是你的的选择？

✻ 你可以不停地跟你的父母抱怨、呕气，令他们痛苦，直至无法再忍受你。

✻ 你可以到旅行社去看看是否有去往美国的旅行团体，如果你父母同意的话，你可以同他们一起去。

✻ 你可以组织学校里的一群学生，并找一名老师（或你的父母）做监护人，凑足钱一起去美国。

✻ 你可以设法说服你的父母，让他们同你一起去美国做一次家庭度假。

✻ 你可以等到上大学后与大学同学一起去。

✻ 你可以找四个也想去美国的朋友，一起说服你们的家长，使他们相信你们已经长大了，能够一起外出。

关键一点，在各种情形下，你都会有许多选择。对你来说，把这些选择列出来是很有用的。如果你自己想不出这些选择，可以就此问问你的朋友、父母或老师，看看他们能向你提供些什么样的建议。任何问题都有很好的解决办法。通过写出你的选择，并对它们进行细致的思考，你会大大提高自己成功的几率。

选择的有利与不利

一旦你找出一系列的选择之后，你要对它们进行评估，从中选出一个（或几个结合在一起）最适合你的。每一个选择都有它的有利之处和不利之处。最简单的办法就是把所有的选择及其有利之处与不利之处都列出来，以便你对它们进行详细的比较。

如果你肯把每种选择的有利之处和不利之处都想一想，那么你会发现一个或两个很"简单"的方法，它们有许多有利之处而没有会产生严重恶果的不利之处。

> 适当的好奇心，正是最简单而可行的方法。

好的选择需要好的创造力

在很多情形下，要想出所有的选择并不容易，这需要良好的创造力，人们敬佩那些能够以富有创造力的方法解决问题的人，事实上，你也能够以创造性的做法来化解那些似乎无法解决的问题。

例如，汽车所产生的污染不但直接来源于发动机的放射物，还来源于溢出的有毒机油。因此，你指出要改变汽车的动力装置。

但你是否想过为什么99.9％的轿车都要使用烧汽油的发动机？当然还有其他推动汽车前进的办法，但目前发动机如此流行是因为同其他方法相比，它有许多意义重大的有利之处，而没有难以控制的不利之处。只要有另一种方法能够消灭由于使用汽油而产生的缺陷，那么汽油发动机将很自然地被取而代之。

要了解何种选择会有价值，你就得从一个更高的角度进行思考：汽油和发动机是怎样工作的？你可以把汽油看做是储存能量的，而发动机是以一种运动的方式来释放能量的。如果你能够这样想的话，就可以看到多种其他选择：

❋ 你可以燃烧天然气，这会减少污染。

❋ 你可以燃烧氢气，这不会产生污染。

> 成功者能够运用创造力，以全新的方式来解决问题并适应环境。

❋ 你可以使用一个巨大的弹簧，在车开之前让它收缩起来。

❋ 你可以把能量储存在飞轮里。

✿ 你可以使用电池和电力马达。

✿ 你可以使用太阳电池，把太阳能转化为电能。

✿ 你可以使用一个小型的核反应器来产生热能或电能。

✿ 你可以减轻汽车体重，使它轻到司机能像骑单车那样踩踏板前进。

......

在目前看来，这些选择所面临的问题是，它们当中没有一个具备战胜汽油的绝对优势。有的问题可能从没被解决过。在这个世界上也许有某种物质既胜过汽油而又没有什么重大的不利之处，如果你能够把它创造出来并投放到市场上，你将会变得相当富有。

你的一生中有许多时候都要去面对那些"难以解决"的问题。有时你会突然想到一个新方法，你觉得它既"简单明了"又"条理清晰"，你会问自己"为什么我以前没有想到过"。每个成功者都能够运用自己的创造力，以全新的方式来解决问题，适应环境。

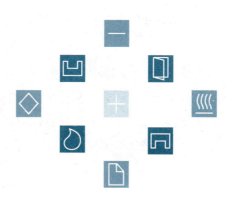

为何只有少数人能达到巅峰？原因在于过程的比较。

秘密二十三
● 时间的秘密 ●
Everything takes time

无论做什么事情都需要时间。这是被许多青少年忽视的事实。通过了解和接受这一事实，你能够对自己正在做的事情有更清楚的认识，会明白自己为什么要这样做，还能预测到即将发生的事情。

成功需要时间的积累

让我给你举个例子。假设你现在 17 岁或 25 岁，你的邻居是一位令你敬仰的 40 岁的商人，他拥有很大的房子、漂亮的汽车和美好的家庭。当你看到这个人时会想："我要成为一个像他这样的人。"但转过身来你认为这是不可能的。你不会做任何事，拿的工资还是最低标准的。你所忽略的就是这个商人也是从你这样开始的。不同的是他已工作了 20 多年才拥有今天的一切。你要想做到他这一步，至少也要经过 20 多年的艰辛努力。下面让我们看看这个人所走过的道路：

17 岁：他在夏季打工，并对机械工程产生了浓厚的兴趣。

18 岁：他步入大学校门并为拿到机械工程学位而努力学习。

20 岁：他遇到了梦想中的女孩。

22 岁：他从大学毕业。毕业后，他在一家飞机制造公司得到了一份工作，他第一次拥有了能让自己发挥的空间，并有了一份固定的收入。

23 岁：他订婚了，并选好了结婚的日期。

24 岁：他被未婚妻抛弃并失业了。他沮丧极了，工作毫无希望。当他的经济状况恶化时，他重新搬回到他父母那里去住。他得到了一份书记员的工作，尽管这并不是一份很好的职业，但总比每天待在家里强。

26 岁：他重新找到一份自动化设计的工作。他搬到深圳，租了一间房子。

27 岁：由于在设计工作上的革新，他获得了大幅度的晋升。

28 岁：他攒到了足够的钱，开始了他那套两居室的分期付款。

29 岁：他同卖给他房子的经纪人相爱了。

30 岁：他们结婚了。

32 岁：他的孩子出世了。

33 岁：他成为公司的经理，并得到大幅度的加薪。

34 岁：他在市郊买了一幢气派的大房子。

36 岁：他的公司为每位经理提供了一辆轿车。

现在这个人是 40 岁。你没有看到他为达到今天这种程度所付出的巨大努力，也没有看到他所花费的时间，你只看到他最后收获的果实，所以你会以为他很容易地便得到了今天的一切。

青少年往往想一离开家就能得到精美的房子、漂亮的汽车和理想的伴侣。但是这些都需要时间和不懈的努力，许多人要用毕生的时间才能实现这些目标。成年人都明白哪怕每天只花费很小的努力，日积月累之后也能实现一些很伟大的事情。任何变化都不会发生在一夜之间。

认识时间的价值

如果你能了解时间的价值，那么你就能够充分利用这种优势，让我们来给你举些例子：

✳ 拥有财富需要时间——如果你想积累财富，就得不断地攒钱。每月你可以定期存些钱，一两个月之后可能积累下来的钱仍然很少，但几十年后这就是很大一笔财富。

✳ 培养技能需要时间——掌握任何一种技能都需要磨炼和实践。在某一天你只学到了有关这种技能的很少

> 唯有付出才能真正成长：一个人学习成长，不能单靠吸收，像海绵一般地吸收，更需要的是付出。

的一点知识，但日积月累可以积少成多。当你学习某种技能时，要记住三件事：你要从头学起；你要一步步扎实地学；不要没会走就想跑。在你学弹钢琴的第一天，决不可能弹出贝多芬和莫扎特的曲子。要想成为高手需要时间，这是规律。

✳ 掌握知识需要时间——知识是一点一滴积累起来的。

✳ 树立观念需要时间——在你的一生中，你的观念会随着你所积累的经验、钱财和遇到的挑战的增加而不断发生变化。

✳ 建立信用需要时间——在美国，年轻人到了 18 岁就可以拿到自己的第一张信用卡，以 500 元为限额。同成年人相比，这是小巫见

大亚。成年人有高额信用卡，这是因为他们有收入来源。如果你能够建立信用，银行每年会提高你的限额。如果你的信用卡限额每年提高500元，到你40岁时就可以拥有一张限额为10000元或12000元的信用卡。

❀ 积累财产需要时间——把你父母所住的房子和20岁以下的青少年的房子相比，你会发现你父母有较多的"家当"，这是意料之中的事。你的父母在刚开始时也同现在的年轻人一样。当他们刚从自己父母家搬出来时，也只有一个大皮箱。接着他们买了一个沙发，第二年他们会攒到足够的钱买一张餐桌，第三年买一台精美的电视机和录放机，第四年买一张漂亮的写字台。然后是洗衣机、烘干机，再接下来是卧室里的家具……你的父母并不是刚搬进这所房子就什么都有。相反，他们花了20年的时间才积累下今天所拥有的一切。你将来也会有这样的经历。

❀ 工作需要时间——你来自底层，白手起家。你掌握了某种技能，获得晋升。然后学会更多的技能，再被晋升……极少人能在18岁时就会成为一家大公司的总裁。

❀ 增加体重需要时间——可笑的是大多数人直到身体过胖时才会意识到这一点，可惜为时已晚。假设你每天消耗3000卡热量，当然这并不是很多。但按这种吸收量的比例继续下去，你每年的体重会增加2公斤，20年后你的体重会增加40公斤，40年后会增加80公斤。这就是为什么老年人身体过胖的原因。在相当长的一段时间里，他们每天只消耗很少的一部分热量，体重在不知不觉中增加，而这又很少能引起人们的注意。

一旦你经历过这些，就会明白其中的重大意义。对于一个第一次把钱投到股票市场的人来说，投资失败是一种毁灭性打击。然而，对一个有多年股票投资经验的人来说，每一次失败都意味着一次提高。任何一个目睹亲朋好友死亡的人都了解那种难以言表的痛苦，但这种痛苦会随着时间的消逝而减轻，它比死亡本身更容易被人们理解。对于年轻人来说很难想象自己会成为"孩子的家长"或有一天成为"爷爷奶奶"，那似乎是既遥远又难以理解的事情。然而，每个人都要经历从婴儿、幼儿、少年、青年、成年到老年的生长过程，这是无法躲避的事实。

生命的时间表

13~19 岁

❋ 你是一个青少年。

❋ 你第一次与人约会。

❋ 你有了初吻。

❋ 你第一次外出打工。

❋ 你开始刮脸或化妆。

❋ 你高中毕业。

❋ 你参加高考并进入大学。

❋ 你参加了较高级的舞会。

❋ 你开始了大学生活。

❋ 你拥有了选举权。

❋ "如果我有 100 或 500 元，就去……"你想。你所想买的不过是好一点的随身听、一件新夹克或一双款式特别的鞋。

20~29 岁

❋ 你是一名"大学生"。

❋ 你大学毕业。

❋ 你的身体停止长高并开始"变壮"。如果作为青少年的你看起来是个瘦高的人，那么这就是你步入"正常人"的开始。当年龄快到 30 岁时，新陈代谢的速度会放缓（原因是荷尔蒙分泌减少），会出现啤酒肚或其他体重增加的迹象，如果你不对此加以阻止的话。

❋ 你找到了第一份真正的工作。

❋ 你开始打算买房。

❋ 你走出大学校门，搬进了公寓。

❋ 在你快到 30 岁时，你开始买个像样的房子。

✽ 当你买了第一幢属于你的房子时，你也买了第一台电视机。

✽ 你有了第一份（房产）抵押证书。

✽ 你订婚了。

✽ 你结婚了。

✽ 你有了孩子。

✽ 像大多数男人一样，你开始蓄须。

✽ 如果你脱发，这会发生在你快到 30 岁时。

✽ 人寿保险逐渐重要起来。

✽ "如果我有 1000 或 5000 元，那么我……"你想。你所想做的是更换卧室里的家具。

30~39 岁

✽ 你是一个成年人。

✽ 你出席公司高级经理人会议。

✽ 你开始称青少年为"孩子"。

✽ 你第一次获得重要的晋升，开始承担较大的责任。

✽ 买一幢"真正"的房子是可行的。你已经办过一次或两次抵押的手续，所以你了解这种程序。

✽ 你开始买第二套电视装备和更好的家具。

✽ 你想买一辆便捷的轿车。

✽ 你开始考虑退休的问题。

✽ 流行歌曲在你耳中成了"噪音"，你不再对其感兴趣，相反，你更多地关注新闻，了解世界大事，因为它们可能会对你和你的家庭产生影响。

✽ 你开始涉足投资领域。

✽ 你自己的孩子已成为一名青少年。

✽ 四门轿车看起来更具有诱惑力。

✽ 你的脸上第一次出现较大的皱纹。

✽ 你开始觉得自己了解这个世界的运作方式。

✽ "如果我有 1 万或 5 万元，我就……"你想。你想做的是付房子的末期款或买一辆更新款的轿车。

40~49 岁

❀ 你已经成熟起来。

❀ 出现白发，如果你还有头发的话。

❀ 女人在 40 多岁开始进入更年期。

❀ 你扔掉以前的旧家具，取而代之的是更豪华的家具。

❀ 你的孩子离开家门，走进大学校园。

❀ 老花镜已必不可少。

❀ 出现第一块老年斑。

❀ 这时，常会发生"中年危机"。

❀ 你喜欢"怀旧"的音乐。

❀ "如果我有 10 万或 50 万元，我就……"你想。你想做的是去送你的孩子上大学或赎回抵押单据，或积攒养老金。

50~59 岁

❀ 你成为"爷爷"或"奶奶"。

❀ 由于孩子已离开家和拥有高收入的工作，你开始为退休做打算。

❀ 到各地豪华旅游已成为可能，由于孩子已离开家，你还有不少存款，因此你可以更多地"享受生活"。

❀ 你的第一个孙子或孙女出世了。

❀ 心脏开始出毛病。

❀ 如果你吸烟，那么肺癌和肺气肿开始出现发病的征兆。

❀ 开始计划分配财产。

❀ 养老保险更有吸引力。

❀ "如果我有 100 万或 500 万元，我就去……"你想。这时你想做的就是及早退休。

在这个时间表当中你要注意几件重要的事：许多重大的事情都发生在你二十几岁的时候。在你从青少年向成年人过渡的这段时期里，你将会走出大学的校门，获得第一份工作，从父工母家中搬出来，得到一辆自己喜欢的山地车，一间房子，开始付税，结婚，有孩子……如果你现在 15 岁，那么很可能 10 年之后你会与现在完全不同。你会从一个全新的角度来看待世界，你会对不同的事情感兴趣。这也是为什么那些早婚者（18 岁就结婚的人）无法维持长久婚姻的原因。两个在 18 岁结婚的人完全不同于在 25 岁结婚的伴侣，他们在任何事情上都难以维持长久的兴趣。

尽可能地记住这一点，当你在做决定时要想到：10 年后我会与现在完全不同。

正是因为这一点，所以你现在要尽量避免做出重大的决定，尤其是像结婚那样会影响你一生的决定。

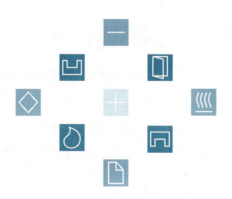

控制住情绪，就是控制好了
你的命运。

秘密二十四
● 愤怒的秘密 ●
Control your anger

那些真正的成功者的特点就是能够很好地控制住自
己的愤怒，并对它进行有效的利用。愤怒是人类普遍存
在的一种情感，而愤怒的来源也各不相同，但是很多时
候这种情感对你是不利的。因此，在清楚愤怒的原因后，
你要能够理智的解决。

成功者不轻易动怒

愤怒是个棘手的问题。你在 10 岁或 11 岁时会做得很好，那是因为你没有真正关心过这个世界上的任何东西。然而青春期的到来使你发生了巨大的变化，对你来说，很好地控制住愤怒似乎是不可能的，因为你缺少理性思考的能力，你只能从青少年的角度来想问题。真正的成功者能够很好地控制住自己的愤怒，并对它进行有效的利用。

虽然电视和电影告诉人们愤怒是一种正常的有用的情感，但在现实生活中正好与此相反，愤怒更多的是具有毁灭性而不是创造性的后果，它更容易把人击倒而不是帮人站起来。请看下面几句话：

✤ 不要在愤怒时草率行事，因为愤怒总是喜欢同愚蠢相伴而行。

——希伯莱《圣经》

✤ 愤怒是一种愚蠢的行为。

✤ 生气时，在你说话之前要数 10 下；如果你愤怒，要数 100 下。

——托马斯·杰斐逊

✤ 别让太阳落在你的愤怒上。

——《圣经》

✤ 愤怒是你内心力量的源泉，但它能蒙蔽你的心智。

——托马斯·富勒

愤怒自哪儿来

为什么愤怒是一种危险的情感？它来自哪里？如何对它进行有效的利用？这些都是很重要的问题。愤怒是一种普遍存在的情感。下面是一些能够引发人类和兽类愤怒的典型事例：

✤ 当身体的安全受到威胁时会自然地产生防御反应。

✤ 要保护某一重要资源，像食物、水或伴侣。

❋ 受到某种骚扰。

你有能力控制你大脑内愤怒装置的两部分：引发你愤怒的部分和作出反应的时间。这两部分会随着你年龄的增长而发生变化，而且你可以有意地对它们进行控制。

理解你的愤怒

能够帮助你理解愤怒的做法就是坐下来清楚地写出使你生气的事情，然后尽量找出典型的例子。

愤怒的触发点在你生命的每一刻都会发生变化。一般而言，它会随着你年龄的增大而呈现上升的趋势。你也许已经注意到压力和疲劳也会引起愤怒。

你也可以把愤怒的触发点看做是产生灾难性后果的起点。每一天在你身边都会发生很多事情，而每件事情都会不同程度地烦扰你。你可以把这些不同程度的烦扰画成图表，请看图 5-1：

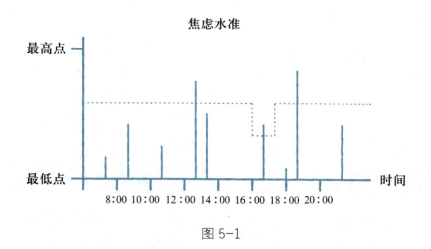

图 5-1

你能够控制自己的反应程度

图 5-1 显示了你每天不同程度的烦躁。早晨 7 : 15 你烤焦了面

包,8：30交通堵塞把你拦在路上,12：20午餐约会对方又失约……你可以对照这幅图看看自己每天会发怒多少次。

虚线部分就是引发你愤怒的临界线。这幅图显示那些烦扰你的事物基本上每天会令你发火两次，但由于你要去参加16：30的会议，而且你的愤怒触发点又下降了，所以实际上在这一天里你会被激怒三次。当然这幅图上画的是一种理想状态，但它能够让你对事物有个透彻的认识。如果你是一个脾气暴躁的人，那么你的触发点就很低，很小的一件事也会使你愤怒不已。相反，一个很冷静的人就有一个较高的触发点，而且不容易被激怒。

你能够控制自己的反应程度。某些事情会惹得每个人都很生气，但人们能对这种刺激做出不同的反应。有些人在盛怒之下会失去控制，有些人则能够圆滑、老练地将问题处理好。这两种人的区别就是"控制"。

如果你能够仔细地观察发生在你身边的一切，看看不同的人如何处理不同的事情，你会受益良多。成年人能够很平静地表达他们的观点，甚至在他们生气时也不会大喊大叫。他们也会生气，但不会在公众面前失控。成功者更是能够很好地控制自己的愤怒。尽管人们都知道愤怒是一种不成熟的表现，但还是对它缺少控制。

你将会注意到愤怒是夫妻间一个普遍的问题。要两个人永远生活在一起似乎很不容易，还要他们彼此忍受对方发脾气就更难了。好的夫妻能原谅对方和忘记争执，因为他们都知道这是毫无意义的。他们把愤怒释放出来，然后彼此谅解并继续生活。有一句很有趣的话："引发争执需要两个人，而结束它只要一个人就够了。"

控制你的愤怒

如果你每天记下所有令你生气的事——哪怕只这样做一个星期，你就会发现有许多事都是微不足道的：

❋ 你想穿某件衬衫上学，而它是脏的。
❋ 你妈妈说她会准时到家，可她没有。

❀ 你的表妹拿走了你的一张影碟。

❀ 你最喜欢的电视剧被足球赛取代了。

谁会关心这些事？它们根本不值得你浪费时间来为它们生气，因为这些都是无关紧要的小事。

对大多数人来说，学会控制愤怒是一个既漫长又艰辛的过程。尽管这样做困难重重，却值得你为它付出努力。因为愤怒只能给你带来灾难性后果。通过学会控制愤怒，你消除了通往成功之路的最大障碍。

假设你的父母做了某些令你既气愤又难过的事情，你可能会用愤怒回应他们，大喊："你们为什么要生下我！我恨你们！"然后砰砰作响地跑回房间，用力关上门。但是认真地思考一下，你的父母对此会有何反应？你这样做毫无意义。

下面三件事对你控制自己的愤怒可能会有所帮助：

❀ 在你对某些会令你愤怒的事做出反应之前，先等一个小时，最好是一两天。不要说话，只用脑子想，一天之后你会吃惊地看到生活中有许多琐碎、无足轻重的事情。你还会发现如果自己肯花时间思考的话，许多问题你都能够想出很理智的解决办法。

❀ 在愤怒上超越自己。当你生气时要对自己说："我能比这做得更好。我很成熟，一个成熟的人会对此做何反应呢？"

❀ 理智地看待事情总好过充满愤怒。对你所处的境地进行理性的分析，然后做出正确的反应。

其他的做法就是记下每天惹你生气的事情和你对此的反应，哪怕是不好的反应，从中你会发现在愤怒中得不出任何有益的结论。通过这种做法你能够学到很多东西。

化干戈为玉帛

在控制愤怒的过程中，你要努力对外界刺激做出积极反应，看看那些使你生气的事情，然后问自己："为什么这件事会令我很气愤？我希望它是个什么样子？"

例如，如果你的兄弟没有问过你便拿走了你的 CD，令你很生气，那么与其冲他发火，还不如找他谈谈。他会听吗？也许会，也许不会。他可能会说你是个傻瓜（特别是你比他小时）。假设他真的这样做了，在这种情况下，你可以试试别的办法，找出他将来可能会有求于你的地方，然后说："记住我是如何礼貌地告诉你不要拿我的 CD 的，我会办到答应你的事。"这时，他一定会听你的话。这是一种有趣的方法，也是成功者在化解争执时最常用的外交技巧。

了解你的思想状态

每个成功者都能清楚地了解自己的思想状态。一个成年人能够感觉得到他何时会生气、焦躁、被威胁和迷茫等等，而且他也能够掌握自己的精神状态的变化。例如，他可能会说："我感到你的话是在威胁我，我不敢确定是否了解你的意图。这是我的反应，待会儿我有时间再就此同你好好谈谈。"注意这段话中告诉了我们多少信息。首先，我们看到了这个人对这场谈话的感受是威胁。其次，他对另一方所要表达的意图感到迷惑。还有，他知道自己没有认真思考过每件事，这是他目前的反应，过一会儿他会更理智一些。

此外，我们要注意到的就是成功者能够割断情感和行为之间的联系。当一个孩子生气时，会不断地做出反应，他的身体处于愤怒状态中。这个孩子的愤怒直接和行动联接在一起。一个成年人会"感"到愤怒，但他不会表现在行为上，他会给自己时间去思考。成功者能够感觉到他们何时会发怒，然后马上对此进行思考，找出最合适的反应方式，而不会立即把怒火爆发出来。这种对愤怒的控制程度就是衡量一个人成熟与否的标志。

朋友是你送给自己的礼物。

秘密二十五
● 倾听的秘密 ●
Learn by listening

　　当我还是一个青少年时，曾有很强的讲话欲望，因为我"无所不知"。事实当然不是这样，但我的确向这个方向努力过，或许有时你也会有同样的感受。你觉得自己必须讲些什么，否则别人就会忘记你的存在或把你当做傻瓜。可能你还会觉得尽管自己在不停地说话，但讲的还是很少或根本没讲出什么有实质意义的东西。

倾听出成长的智慧

在这个世界上，有许多人都具备优秀的思想，他们都想练就优秀的口才，将自己的所思、所想准确地表达出来，而通过倾听你就会受益匪浅。我们现在所做的就是闭上嘴去听别人讲，我们能从他们身上学到很多有价值的东西。正所谓"三人行，必有我师"。

青少年讲得太多倾听得少。但倾听拥有许多益处：

❋ 你能学到很多东西。

❋ 你会发现很多解决问题的新方法。

❋ 你会明白自己不是宇宙的中心。

❋ 你能够建立对别人的尊敬感。

❋ 你能够了解别人想要些什么。

❋ 你能够避免自己出丑。

特别是最后一点，对于你能否获得成功具有重要的意义。

理解倾听

倾听似乎很容易，你所要做的就是竖起耳朵听别人讲话。真是这样吗？让我们来看两种不同的非倾听状态：

假设你同另一个人待在屋里，你在讲话，他在倾听。如果对方是个死人，那么他是在倾听吗？不是。如果对方是个聋子，他是在倾听吗？不是。如果对方不懂你的语言，他是在倾听吗？不是。如果对方是个活人，能听懂你的话，但他在想着上个星期六的约会，那么他是在倾听吗？不是。从这几个问题中你能够看出"在同一间屋里"和"倾听"之间有着巨大的区别。

假设你同另外一个人待在屋里，你在讲话，他在"倾听"。如果这个人不懂得你在说些什么（例如，你在谈论电脑，而对方从未见过电脑），那么他是在倾听吗？不是。或者你认为你所说的话完全没有恶意，可这个人突然对你大喊大叫。例如，你说："我喜欢你的猫。"但对方以为你在说："我认为你很胖。"那么他是在倾听吗？不是。从这部分中你能够看出单纯地"听"和"倾听"之间也存在着不同。

倾听的意思是你能够听到并理解对方讲的话，而且就对方所说的你能够做出适当的反应。真正的倾听需要五个步骤：

❀ 接受信息。

❀ 理解信息。

❀ 理解对方在话语中所要表达的意图。

❀ 就你对讲话者和这场谈话的看法做出决定。

❀ 就对方所讲话的内容做出适当的反应。

重要谈话前的五步准备

当你忙于进行一场重要的谈话时，你要在一两秒钟内做好五步准备，你要经过大量的练习之后才能真正做到倾听。让我们仔细看看这些步骤：

第一步就是竖起耳朵单纯地听。

第二步你要对收到的信息进行加工并找出话语的意思。你常常通过附和来表示你理解对方讲话的意思，例如，当有人讲过话之后，你会说："如果我没有理解错误的话，你的意思是……"换言之，你将对方所说的话进行意译，以表示你附和他的观点或看法。

第三步要求你能够听出"层次"，以便找出对方所要表达的意图。讲话者可能：

❀ 想用故事来取悦你。

❀ 想打发时间。

❀ 想要阻止你离开。

❀ 想教你些什么东西。

❀ 想吓唬你。

❀ 想令你产生不良的感觉。

❀ 想令你产生良好的感觉。

❀ 想进行琐碎的谈话。

❋ 想表达他或她的感情。

❋ 想劝说你去做某事。

❋ 想令你对自己的想法产生怀疑。

❋ 想进行有益的或有害的批评。

❋ 想侮辱你。

❋ 想进一步了解你。

❋ 想考验你。

你可以用同样的方式解释对方话语的意思。如果你无法确定的话，可以通过试探对方的态度来了解他的意图，或者对他所说的话做出提问。

第四步要求你做出决定。你要根据所听到的内容来决定自己对此的看法。你可以要求对方给你思考的时间。

第五步是一旦你做出决定，就可以选择自己对此该做的反应。做出反应是最难的一部分，因为青少年缺乏经验，所以无法像成年人那样有许多种反应方式可供挑选。另外，青少年常常会表现得很冲动，不够理智。冲动经常会导致错误的反应方式。下面有一系列可供选择的反应方式，请看这三个例子：

❋ 如果有人对你说："我看到你头上长了三个红色的角。"那么正确的反应是你对其置之不理。

❋ 如果有人很好意地对你说："你很天真。"你对此可能会有好几种反应。一种是你会忽视这个人所说的话，另外一种是你也许会感到愤怒。但也可能你真的很天真，就像我们在经验二中谈论的那样。

❋ 如果有人充满恶意地说："你是个白痴！"那么事情可能很复杂，你要对此做出反应并保护自己。在这种情形中你要了解说话者的意图并改变对方的看法。

正像你看到的那样，真正做到倾听需要付出巨大的努力，还要让精神高度集中。那些会倾听的人一般都很成功，因为他们在各种情形下都能与人很好地交流，并就对方所说的话做出正确的反应。

倾听的影响力

假设你认识了一群人，你加入到他们当中，与他们一起工作、娱乐和上学，那在说话前多花些时间倾听对你这个"新加入者"来说是很重要的。

例如，你在会议中能发现以下现象：

❋ 对于不同的人所发表的观点，你可能会同意，也可能会不同意。你是在听完许多人的陈述之后才会表示出同意或不同意的。你会喜欢这个群体中的某些人，也会不喜欢某些人。

> 必须累积许多了解、时间与信任，才能建立一种亲密的友谊，朋友是我最宝贵的资产。

❋ 某些话题很难在这个群体中展开讨论。每个群体都有其组建、融合的过程，这些不便谈论的话题也是长期存在于这个群体之中的。

❋ 这个群体中的每个人都具备不同的人格特点：有的人嗓音高且很健谈，有的人则很安静，不大喜欢讲话；有的人不经思考便讲话，有的人只有在考虑好要说的话之后才会开口；有的人感情冲动，而有的人则很稳重……

❋ 这个群体也许会步伐一致地工作，也许会发生分裂。

❋ 这个群体可能有很好的组织性、纪律性，也可能是一盘散沙，或者介于二者之间。

❋ 这个群体会喜欢或不喜欢你待在这里。

通过参加这群人的会议，你还能看出什么是对他们很重要的和他们想要努力实现的目标。你可以向他们提供些帮助。

在这里并不要求你讲话。但在任何情形下，你都要想好讲话的重点之后再开口，通过倾听你会了解到什么是最重要的和该怎样做别人才会接受你所传递的信息。在讲话前要进行认真的思考，只有这样，才能确保你的发言很有意义又不会同谈话的内容相脱节。

任何人都可能是你的顾问

去年我去看一个朋友。谈话中他说起了他 10 岁女儿已经玩了一个月的电脑游戏。吃饭时，他的女儿向我讲起了这个游戏。

这个游戏的构思很有趣：你生活在 19 世纪，想组织一个到加利福尼亚的运货车队。这个游戏从你到达中西部的小镇开始，在你的口袋里有一定数量的钱，你要走遍小镇中所有的商店来买车辆、牲畜以及其他的装备和必需品，然后你要在通往加利福尼亚的路上经历一个真正车队会遇到的全部艰难险阻。

游戏开始了，我在小镇中四处走动，遇到了一些问题：

❀ 我需要多大的车？

❀ 这些车最好是用马拉，还是该用牛或骡子拉？

❀ 我要多长时间才能到达加利福尼亚？

❀ 我该买多少食物和哪些 19 世纪的用品？

❀ 我该买多少枝枪、多少军火？我会用它们来打猎或保护自己吗？

❀ 在该买的东西中我是否忽略掉了什么？（例如盐）

❀ 我需要哪一种药？它们都是治什么病的？何时我会用得着它们？哪种药适合我？

我对这些问题一无所知。然而，我那个 10 岁的小朋友却很明白，她似乎已经玩了 100 次。她带领我去每个商店，告诉我该买些什么和为什么要买这些东西。所有的知识都是她从游戏中获得的。她就像是我的顾问，我所做的就是听她的话，这样我成功的机会无疑会大增。

在现实生活中，你身边有许多这样的顾问，他们都是成年人。你在做任何事之前，你该向那些已经做过此事的人请教一下，看看能从中学到些什么。当你从他们身上学会该怎样做时，你成功的几率毫无疑问会大幅地上涨。

生命是一种奇迹，你的生命是唯一的一次奇迹。热爱生命是一种奇迹，热爱是人类最伟大的力量。

秘密二十六
● 成功的秘密 ●
On success

　　每个成功者的背后都有着一些异于常人的东西，比如不屈的毅力、强大的自律能力、勇于承担风险的魄力和善于把握每次机会等。有付出才会有所回报，当你看到那些成功者美丽光环的同时你更应该看到他们付出的汗水与艰辛。

成功是你的责任

一个成功者因失败而失去所有的物质财产时，可能暂时会无家可归，但他不会永远翻不了身。成功者了解这个世界的运作方式并掌握了一系列很有价值的技能和知识，他们仍能运用它们再次获得成功。

当你在自己的生活中为了成功而不断探索时，你可以朝着改进这些技巧的方向奋斗，并让它们为你服务。

毅力与自律

成功者都有不屈的毅力和很强的自律能力。

对于这个世界上 99.99％ 的人来说，成功都是一个渐进的过程，它要求你具备坚忍不拔的毅力和很强的自律能力，能够进行刻苦的拼搏，每一天都坚定不移地朝着你的目标努力奋斗。

毅力的基础是乐观，它能帮助你在各种情形下看到成功的潜在可能性。另外就是艰苦的奋斗。当你的朋友去参加舞会时，你却能够坐下来完成功课，这就是一种奋斗。它使你在学习中获得优秀的成绩，顽强地度过求学生涯，它会使你得到理想的工作，会使你做好自己的本职工作，尽管你可能并不喜欢这份工作，它使你得到晋升，令你梦想成真。

勇于承担风险

要想成功必须能够承担风险，而且还得有勇气接受"敢于冒风险但未必会成功"这一事实。换言之，你必须能够面对失败。失败之后，你还要再站起来，从错误中总结经验，继续奋力拼搏，继续承担风险。许多成功者在他们真正到达成功的顶峰之前也曾狠狠地跌倒过无数次，这是生活中的事实。

知识是你永恒的财富

令成功者在失去所有财富之后仍然能重新拥有一切的是他们的头脑。知识使你变得有价值。知识对每个人来说都是自由开放的。你可以到任何一个公共图书馆去吸收你感兴趣的知识，你今天就可以这样做。正像我们曾讨论的那样，你可以通过自由挑选专业并成为这一领域的专家而令自己更有价值。一旦你拥有了知识，就没有人能把它夺走。知识是你永恒的财富。

把握每一次成功的机会

19 世纪著名科学家路易斯·巴斯德曾说过："机会只偏爱那些有准备的人。"这就是成功者的运气。

每一天，每个人都会碰到意想不到的机遇。成功者是那些能够抓住机遇的人，他们为这些机遇付出了必要的努力，并利用它们来实现自己的目标。这在科学领域中很常见，理解这种机遇是很重要的。让我们来看两个例子：

❀ 假设你在试验室里同鱼身上的细菌打交道。一天，你在扔一些死鱼时偶然间发现一条鱼身上长了一些霉菌。这些霉菌被死亡的细菌所包围。你对这些霉菌进行培养并从中选粹，你发现它们能治疗某些动物身上由细菌引起的疾病，这就是第一种抗生素的发现过程。有趣的是在亚历山大·富莱明做出这一发现之前许多人都曾注意过这一现象，但只有他付出了必要的努力并紧紧地抓住了这一机会。

❀ 假设你在实验室工作，你用小鸡做实验，往它们身上注射某种细菌。一天你在鸡身上注射了一种细菌培养液，你预料这只小鸡会死掉，可它只是病了几天后又恢复了过来。当你回过头重新检查这些细菌时发现，注射在鸡身上的都是些衰老的细菌。于是你又重新往鸡身上注射了一些活泼的细菌。这一次那些鸡竟然连病都没有生。路易斯·巴斯德对这一现象进行了多次实验，后来在此基础上创立了免疫学说。

在科学领域中记载了数千例这样的偶然事件："Ｘ"射线是在偶然间发现的，胰脏在糖尿病中的作用还有脉冲等都是意外被发现的。

衡量一个人成功与否的标志就是看这个人是否能够把握住偶然出现的机遇，并从中发现有价值的东西，我们把这种发现的机会称之为

> 有信仰就年轻，疑惑就年老。
> 有自信就年轻，畏惧就年老。
> 有希望就年轻，绝望就年老。

"运气"。但这是一种特殊的运气，因为它对每个人来说都很有价值。

迈向成功

如果你能够花时间读一些成功者的自传，那么你会发现这些人当中绝大部分都是平民大众。很多人都是从年轻时开始努力的，并掌握了所有的成功要素。

比尔·盖茨，作为微软公司的总裁，他已成为当今世界上最富有的人之一。如果你读过《未来之路》这本书，就会发现他的成功也是从青少年时期开始的。最初，他迷上了计算机，于是他在学校里编写程序软件。他拥有顽强的毅力和很了不起的自律能力，当他成功地编写出 BASIC 语言时还是个青少年。他承担了退学的风险，开始创建自己的公司。他树立了目标并将之实现。他曾在技术和软件方面做出了许多非常好的决定，当然，这其中也存在着一些运气，但关键是他抓住了每次降临的机会并充分地利用了它们。

没有什么能够阻止你获得成功，机会对每个人来说都很公平。但是，成功是你的责任，你要积极地行动起来，令梦想成真。同时，你要付出巨大的努力，这其中的关键在于如何开始，以及怎样运用那些对每个成功者都有效的原则。

　　金钱在现实生活中有着重要的地位。一旦你有了钱，理财就变得十分重要了。通过管理你手中的金钱，你能积累财富并更快地实现自己的目标。本篇将向你介绍一些有关金钱的重要事实，以便你能够掌握关于理财的基本概念和术语。如果你对这部分很感兴趣，那么你可以到图书馆或当地书店去阅读一些与此有关的书籍。

金钱魔力

Facts about Money

　　它是一种信仰，认为一切价值都要用金钱来衡量，金钱是人生成功与否的最终考验。这和人的本性并不一致，因为它忽视了生命的需要，也忽视了对于某些特殊的生长的本能的倾向。它使人认为和取得金钱相反的愿望是不重要的，而这些愿望，一般说来，对于人的幸福比收入的增加更为重要。它从一种错误的关于成功的理论，引导人残害自己的本性，并且使人羡慕对于人类幸福毫无补益的事业。它促进人们的品格和目标趋于完全一致，降低了人生的愉快，增加了紧张与繁重的感觉，使整个社会变得厌倦、消极和缺乏幻想。

　　由于惧怕失掉金钱而发生的忧虑与烦闷，使人把获得幸福的能力消耗掉，而且畏于遭受不幸的恐惧，比起所恐惧的不幸来，还更为不幸。

　　不论男女，最快乐的人是对金钱不关心的人。因为他们有某些积极的目标，把金钱驱出门外。

——〔英〕罗素

人知道得越多，就越能宽恕别人；对生命有深刻体会的人必能同情他人的悲喜。

秘密二十七
● 财力的秘密 ●
Control your finances

　　"个人金融界"是一个带有数百种选择和拥有许多特殊词汇的巨大空间。我们中的许多人不明白"个人金融"和"控制你的财力"是什么意思。由于缺乏这方面的知识，使得你成功的机会大受限制。如果你能够循序渐进地学习，那么你一定能渗入这一领域并掌握有关的知识。在本经验中，我们将从头开始，看看那些生活中最基本的事实是如何直接影响你和你的财力的。

个人金融

我们虚构了一个名叫鲍勃的人，24 岁的电脑程序员，大学毕业两年，他每月的薪水是 3000 元，一年挣 36000 元。税收扣取 7％，社会管理机构和国家医疗制度还要 7.5％。当鲍勃领到这份薪水时，上面的金额已经由 3000 元减少至 2565 元。生活就要花钱，鲍勃是一个单身男人，他的月消费如下：

房租	700 元
能源费	80 元
电话费	100 元
有线电视费	30 元
移动电话费	150 元
食品杂货	600 元
看演出、外出吃饭	300 元
交通费	100 元

这里每月的支出为 2060 元。如果这是生活中所有的消费，那么鲍勃还能负担得起。遗憾的是，生活中还有其他无法忽略的事情：

❋ 你会遇到问题。例如你的保险费每月又增加了 30 元；或者你的山地车丢了；又或者你遇见了一位"特殊"的朋友，这迫使你和她到外面去吃饭；再或者你失业了。

❋ 你也有欲望。你可能想拥有一套崭新的家具，一台新电视或立体声音响，想为你的母亲或配偶买一份精美的新年礼物，想要一套新衣服等等。或许在某个月鲍勃花 1000 元买了一台电视机。

❋ 你会背上债务。对大多数人来说，日常债务就是信用卡，像买车或买房等大一些的债务有正式的贷款。在鲍勃的案例中，"问题"和"欲望"使他信用卡的天平失去了平衡，向一头倾斜。

假设有人用魔法短杖使鲍勃拥有了双倍的薪水，这样真的很好吗？事实上，99％的人（包括鲍勃）会迫不及待地增加消费支出。如果你告诉 100 个人半年后他们会拿到双倍的薪水，那么有 99 个人会在期待这笔钱到来的同时增加其消费。他们会搬到更美的地方去住，会开更好的车，买更多的奢侈品，直到他们的支出再次大于收入为止。很明显，挣更多的钱并不能解决问题，因为人类似乎天生就有消费的欲望。

基础的金融工具

金融工具就是你用来存钱或进行投资的工具。大多数的成年人，无论他们的金融状况怎样，都会使用三种基础的金融工具来控制自己的财力。它们是：

❋ 信用卡。
❋ 活期存款。
❋ 保险。

许多青少年喜欢信用卡。你可以用信用卡去买东西，尽管你身上没带钱。银行在改造信用卡时会允许人借贷，而且知道你会偿还差额。每个月你会从银行拿到一个账单，上面详细列举你购物所花的钱和支付的利息，并告诉你这个月欠多少钱，你要为借款支付利息。你不必一次还清所有的欠款，但你每月都得偿还一部分，至少不低于最低限额。如果你某个月还不上钱，会被视为金融诈骗，它会被载入你的信用记录中，当你日后想贷款或开其他账户时会因此而被拒绝。

活期存款是一种很好的金融工具，它有其自身的长处和短处。当你年纪再大一些时，你会使用其他的金融工具，因为你的钱要储蓄或投资，这些工具包括储蓄账户、证券存款、股票、债券和共同基金。

大多数青少年都对保险不太了解，以下有多种保险：

❋ 汽车保险。
❋ 房屋保险、房屋租赁保险。
❋ 人寿保险。
❋ 健康保险。
❋ 残疾保险。

大多数成年人至少会保三种险，有些人甚至五种险都保。

价值 10 万元的房子，保费只需 300~500 元。汽车肇事很常见，所以汽车保险的费用要贵得多，如果你开车的历史超过 25 年，并有很好的驾驶记录，那么价值 15 万元的汽车每年的保费可能是 800 元。如果你是个年轻人，那么保费还要贵，因为年轻人肇事的次数要比成年人多得多。许多国家都要求司机必须办理汽车保险，因为交通事故的出现是如此频繁。

金融稳定

"金融稳定"这个概念对离开父母家独立生活的你来说十分重要。假设你雇用一名职业金融分析员来帮助你检查自己的财力状况，通常你会听到下列内容：

❀ 你需要制定一个明确的财力目标并朝着这个方向努力。

❀ 你要挣多于目前消费支出的钱，不仅仅是在某个月而是全年。

❀ 你该建立一个很好的信用记录。

❀ 你最好不要在信用卡上负债。

❀ 你该建立一个 3 个月到半年的"安全网"——以避免你在预料不到的金融风暴中陷入困境。

❀ 你该为退休而存钱，你要及早开始这种储蓄。

❀ 如果还有人（配偶、孩子）依赖于你的收入生活，那么你该办一个人寿保险。

如果你想控制你的财力，那么你就要由这些开始。

金融目标

金融目标会给你指引方向。同漫无目的的花钱相比，你可以把这笔钱攒下来实现你的奋斗目标。下面将同你讨论设立金融目标的优势和怎样设立目标。

控制收入与支出

每年的消费开支必须控制在收入范围内，但不必月月如此。意想不到的账单如医疗保险、财产税等每年只出现一两次，但如果你忘记对此加以计划，它也会给你的预算造成一定的冲击。

重视自己的信用史

信用史决定着你的借款抵押能否被接受。你要及早为自己建立良好的声誉，以便你在需要的时候能够得到大宗的贷款。

信用卡负债

信用卡负债的利息是非常高的。如果你在卡上的平衡点是 2000元，那么你每月仅支付利息就要 30 元（一年 360 元）。360 元已能够帮助你实现某些金融目标，所以你需要制定清晰的财务计划来减轻你在信用卡上的负债，从而使自己停止进行"无目的的消费"。

建立信用史

你可以通过申请和偿还大额贷款来积累建立自己的信用史，与此同时你也同银行的信贷部建立了良好的个人关系。你可以从开设存款账户做起。例如，你往银行存入 500 元，然后你到信贷部说："我想建立个人信用史，我能否用我的活期存款做为担保，获得一笔 500 元的贷款？"银行没有理由拒绝你，因为这笔贷款获得了保证。提出这笔钱，在 4 到 6 个月之后你将它还给银行。在此之后，你可以申请金额更大的贷款。你要不断地朝着这个方向努力，直到银行能够完全信任你，向你提供无抵押贷款。如果你能够在 2 到 3家银行都做到这一步，那么你就会有一个相当优秀的信用记录和充足的资金来源。

建立个人安全网

专家建议你用 3 到 6 个月的薪水去建立一个安全网。鲍勃每月拿回家 2565 元，因此他可以用 6000 到 11000 元建立一个安全网，开一个外汇存款账户，以留做应急之用，像失业等。

投资人寿保险

年轻人可能不需要人寿保险，但在以后的生活中你会用得着。

控制财力的两种方法

俗话说："万事开头难。"大多数人在高中和大学期间，甚至到大学毕业之后，其财力状况都是很神秘和令人担心的。他们从未有过足够的钱。控制财力能令你看清楚自己的钱都花在了什么地方。

控制财力一开始的方法就是激励自己去做某些事情。不同的人有不同的激励方法。以下两个方法可能会对你激励自己有所帮助：

方法1：成为百万富翁

要成为百万富翁并不很难，当然想要暴富于一夜之间是困难重重的。可每个25岁的人经过一段时间的努力奋斗都能实现这个目标。

你从15岁开始每周只往银行存入20元，假设银行的利息是12%，你就会挣到12%的利息。20元并不是很多的钱，如果你吸烟，这就是你每周买烟的钱。如果你每天在外面吃午饭，那么你花在午饭上的钱远不止这些。如果从15岁开始每周存20元，那么到55岁，你就会成为一名百万富翁。假设在你出生那天，你父母为你开了一个账户，每周存20元，那么到你20岁时，他们就能够给你写一张8万元的支票。所谓"积少成多、集腋成裘"就是这个道理。

对此，你可能会有三个问题：

❀ 你是在开玩笑吗？这就是我全部要做的吗？

❀ 为什么在我5岁时没有人告诉过我这些？

❀ 我出生时父母为什么没有这样做？不然我现在就有8万元了！

也许你的父母在你出生之时已经这么做了。如果真是这样，那么他们就是计划用这笔钱来支付你上学所需的费用。

方法2：得到你真正想要的东西

假设成为百万富翁的想法在40年内对你并没起什么作用。让我们对你的经济状况来换一种方式进行思考。

一个想得到某些东西的人会说："为了得到我想要的东西，我先要攒到足够的钱，然后去购买它。"这样做对吗？不，在有些情形下这样做不行。例如，你想买一幢房子，要攒到足够的钱得30年，它值得你这样做吗？不。为了买一辆车，你值得花5年的时间来攒钱吗？这并不是必须的。

假设在你的一生中，对于所有的欲望你都遵循"先攒钱，后购买"的原则，这会怎么样呢？首先，你要知道你的欲望可能会突然间发生某种戏剧性的变化。第二，你要找到一条长时间攒钱的途径，并且始终保持这种欲望不变。

"先攒钱，后购买"的原则会引出"控制财力"和"积累财富"这两个概念。如果你能够发生这种变化，那么它会促使你去修正自己的思想，令你在短期内对股票、债券、证券、存款等产生强烈的兴趣。

为了在"先攒钱，后购买"的原则下组织你的生活，你不得不对"金融优先权"做出决定。首先你要做的就是思考一下那些你想在未来拥有的东西，然后将它们组织起来。因此，希望你花15分钟就这些"有朝一日想得到的东西"编制一个表。你只要拿出一张纸，然后从那些你想在某一天拥有的事物开始，尽可能多地把它们写在纸上。对于大多数的人来说，如果你对此认真地思考过，那么最终你会列一个很长的单子。如果你已经结婚，可以同你的伴侣一起制作这个表。

现在你已经做出了这个表，再花5分钟写下每样东西的价格。如果你想不起确切的价格，可以写一个近似的数字，如果你连近似

金钱是好的仆人，却不是好的主人。

的也想不起来，就先估一个价格。你仔细看一下这个表，然后找出你真正想得到的东西，这样东西会帮你解决许多问题，会带给你或你的朋友巨大的快乐。当你一想到它时，脸上就会露出欢快的笑容。

在它的旁边画一个星号，然后你要把全部精力都集中在它上面。

现在，在你面前有一个重要的事实：你能够拥有它。尽管你要为此付出一定的努力，但如果你能控制好自己的财力，就一定会得到它。

让我们再回到前文鲍勃的案例中。假设他做了这样一个表，并标出了所有的价格，他花了半个小时的时间对表中所列出的一切进行了认真的思考，并找出了他真正想得到的东西——驾驶证。鲍勃很想学习驾驶，但他无法解释这究竟是为了什么。他只是想得到驾驶证，在 13 岁时他就已怀有这个梦想。他咨询了当地的汽车培训学校，得知获得一个私人驾驶证需要 3000 元。因此，鲍勃需要的就是3000 元。他想："这真是太棒了。我知道了什么是我真正想要的。我是如此急切地想得到它。我可以对此进行尝试，但是我到哪里才能拿到 3000 元？"

"我到哪里才能拿到 3000 元？"这是所有想控制自己财力的人面临的中心问题。这个问题会使你从无目的的消费转变到有节制的消费。它可以促使你去找一份工作。而且，它会推动你去找一份理想的工作，以便你能尽快挣到这笔钱。

制作这个欲望清单和找出你真正想要拥有的东西的原因很简单：如果你真的想拥有它，那么你就要为它付出一些额外的努力，甚至要忍受痛苦。而且，为了攒钱你还要控制自己其他的开销。

你可以把你真正想要的东西看做是你一生中最重要的目标。如果你肯下定决心努力去做，那么你一定会惊异于自己竟能如此之快地实现这个目标。

以简单的行为愉悦他人的心灵，胜过低头祷告。

秘密二十八
● 理财的秘密 ●
On wealth

　　如果你刚刚涉足"金融管理"和"投资"领域，那么最困难的就是对"我该用钱进行哪种投资"做出回答。这个问题之所以难以回答，是因为在你面前有很多种选择，而每种选择又都是易变的。如果你能够了解选择的价值所在，你就会做出精明的决定。

投资的选择

假设现在你手中有 1000 元。你想用这笔钱进行有较高回报率的为期 10 年的投资。这 1000 元也许是你的爷爷奶奶在你大学毕业时送你的礼物,他们希望这笔钱对你能有所帮助。下面有一些较为常用的投资选择:

❀ 活期存款。
❀ 储蓄存折。
❀ 外汇账户。
❀ 证券存款。
❀ 某些公司的股票(大型的公司,或人们了解不多的新成立的小型公司,或介于两者之间的公司)。

如果你是刚刚开始学习投资,那么这几种选择可能会令你感到迷惑,下面我们来对它们进行详细的介绍。

活期存款

如果其他的选择都吸引不了你的兴趣,那么你也应该对活期存款有个理性的认识。你可以把这 1000 元存入银行,10 年后再取出来。这样做的有利之处的是钱可以很容易地取出放进,换言之就是具有很好的流动性,你可以不断地用支票来取钱。在各种情形下,活期存款的流动性是很重要的,例如,当你付账时会想到这种流动性。然而,不利的一面是这种流动性使得你在大多数活期存款上几乎挣不到什么钱。事实上,由于各种手续费用你还会流失一部分钱。因此,活期存款并不是你最佳的投资选择。

储蓄存折

一个储蓄存折同活期存款一样具有优秀的流动性,其缺点也是回报率低。目前储蓄存折的平均利率是 2.77%，因此你的 1000 元每年会挣 27 元。但现在的通货膨胀率是 3.3%，所以实际上你会损失钱，就 3.3% 的通膨率来说，你得花 1033 元才能买到价值 1000 元的东西。这就是为什么你的账户里每年增加 27 元但还是损失的原因。另外，你还要对这 27 元付税，所以实际上你只能得到 25 元左右。

一个储蓄存折是你在短期内放钱的好去处。例如，你可以在储蓄存折内攒钱来掩盖你的"隐藏消费"。因为钱可以很容易地在储蓄存折和活期存款之间互相转移（低回报率总比没有回报率要好），但它也不是你想把钱放 10 年的好地方。

外汇账户

外汇账户的作用在大多数银行里同活期存款的作用差不多，但是回报率较高。而且，外汇账户没有什么限制，每年的款额也没有最低、最高额之说，它的优缺点同活期存款相同。目前，外汇账户的平均回报率是 4%。对于短期（3 个月到一年）存钱者来说流动性是很重要的，它可能是最好的选择。

定期存款

定期存款是一种银行账户，你能在某一段固定时期内得到较高的回报率。你把钱存入银行，然后得到一张"证明"，允许你在以后某个日期将钱取出来。你可以办 6 个月的，1 年的，5 年期……而且回报率会随着时间的加长而增加。如果你由于某一原因，要把钱提前取出，那银行会对你进行严格检查，扣除一部分费用之后再给你钱。

定期存款有很多优点，最重要的就是资金的绝对安全性，这笔钱不会遭到损失。但是，它也有两个不利之处：第一，定期存款缺少流动性，所以它不利于那些短期存款者；第二，定期存款只是一种"保护行为"，一般而言你挣不到什么钱。原因如下：假设目前的回报率是 5％，通胀率是 3.3％，因此其回报率只有 1.7％。而且你每年还要为定期存款挣得的钱付税，税率差不多也达到 1.7％，所以定期存款的实际回报率是 0，这是事实。如果你不愿意钱有任何损失，那么定期存款是你的最佳选择，但它不会令你的钱再生钱。

股票

股票表示的是对公司的拥有权。通过看下面的事例我们能够很容易地理解股票的功用和它意味着什么。

假设你想自己做生意，决定开一家餐馆。你购买了一座房子、所有的厨房用具、桌子、椅子，还雇了一名厨师、几名服务生等等。做过广告之后你开始营业，假设你的房子和设备共花费 30 万元，每年购买必需品和支付薪水要 10 万元。第一年结束后，你的收入是 12.5 万元，纯利润是 2.5 万元。到了第二年年底，你的收入是 14 万元，纯利润是 4 万元。于是你决定把生意卖掉，它值多少钱呢？

一个说法是它"值"30 万元。你卖掉房子和所有的设备，会拿到 30 万元。房子可能会升值，但设备会贬值，因为它们已经被使用过。这两者的平衡点是 30 万元，这是"资产价值"。

假如这是很兴隆的生意，你要继续经营下去，那么到今年年末你可能会有 4 万元的纯利润。因此你可以把这项生意看做是一笔年利息

> 财富是船，人是船夫，没有船夫的船一旦遇上风雨就会倾覆。

达 4 万元的投资。从这点上想，我愿意为它投入 40 万元。作为 40 万元的投资每年有 4 万元的回报，其回报率达到 10％。如果投入 50 万元，回报率就是 8％。甚至我会认为餐馆的生意会越来越好，其回报率的增长速度要远远超过通胀率的增长速度。

如果我是业主，我就会据此做出决定。如果有 10 个人分别对我说："我很想买下你的生意，但遗憾的是我没有 50 万元。"那么我会

卖掉餐馆的股份。这就是说,我会把餐馆的所有权分成10份或10股,每股卖5万元,这样每个人就会在年终分得1/10的利润,在做出商业决定时,也拥有1/10的投票表决权。或者我可以分成2000股,其中的1000股每股卖500元,其他的每股卖250元。这样的话,我会拥有大部分的股份和对餐馆的控制权。在我卖掉剩下的1000股之后,可以把所得的25万元存入银行。

这就是股票。它表现的是对公司资产和利润的所有权。每股的红利就是利润,可以按季度或年度进行分配。对于投资者来说,衡量公司价值的一个方法是看公司的股票是否会增值。

股票可以在"证券交易所"内进行买卖。证券交易所就是一间大房子,人们在里面进行股票交易的买卖。有了交易的场所,使得股票买卖变得很方便。如果不存在交易所,无论何时,你想卖股票都不得不在报纸上登广告、等电话、与人讨价还价。在证券交易所里你可以不断地买卖股票。

证券交易所有一个很有趣的影响。它会使股票在每一秒中出现一个固定的价格。因此股票价格的波动取决于公司的消息、中期报告、国家的经济新闻等等。买方和卖方每天都对这些因素进行思考和分析。公司资产的价值是股票波动的最低值。股票的价格还能够反映出每股的红利、公司未来的盈利能力等等。

你会把钱投资到股票上吗?可能不会,原因有两个:

❀ 当你在证券交易所买卖股票时要交纳一定数额的手续费。如果你知道股票的涨幅抵不上手续费,你还愿意投资股票吗?

❀ 股票有风险。如果你投资的公司出了问题,那么你可能会损失掉部分或全部的钱。通过向"蓝筹股"——长期的、已上了轨道的、经营良好的公司所发行的股票进行投资,你可以对风险做出预估。但是再好的公司也会有出错的时候。IBM公司在几年前出了问题,其股价大幅下跌超过50%,尽管后来又涨了上来,但如果你在最高点买入,在最低点卖掉,那么你会损失许多钱。

股票有其他几种投资方式所不如的优势,特别是当你购买了不只一家公司的股票时更是这样(购买多家公司的股票的集合称作投资组合）。投资组合能够分散你的风险，而且你只有在卖出股票时才需要付税。如果你买了某只股票，持有了 10 年，它上涨了 100％后你卖出，那么你只要对这种资本收益付一次税。资本收益就是你买卖股票之间的价格差额，你不必每年都付税，这与储蓄存折和证券存款完全不同。在那些账户中，你每年都要对所得的利息付税。股票的资本收益能使你延缓付税。

做出投资决策

现在让我们再回到前文的问题中。你会把钱投到哪儿？这取决于你承受风险的能力。

如果你想令自己这 10 年的投资收益有所保证，如果一损失钱你就会失眠，那么对你来说最佳选择就是定期存款，或者挑选其他既稳妥又有一定收益率的投资。

如果你能够承担风险，那么为了得到较高的回报，你可以考虑股票等投资方式。

无论你进行何种投资，都要依据自己承受风险的能力而定。

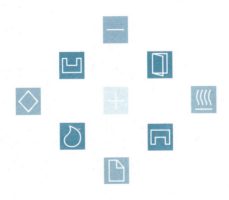

财有限，费用无穷，当量入为出。

秘密二十九
● 勤俭的秘密 ●
On saving money

有句古训说：由简入奢易，由奢入简难。事实就是这样啊！一旦你习惯了养尊处优，是很难适应艰苦的生活的。从小培养自己勤俭的习惯，这不光能让你生活的更加轻松，而且会让你更有人格魅力。

勤俭让生活更轻松

节俭就是在你愿意的情况下把钱省下来，而不是花掉。对于大多数成年人来说，节俭是生活中的一个重要事实。例如，在大减价时买东西或使用优惠券都是节俭的方法。也许我们可以用一种更好、更时髦的方式来探讨节俭，不妨将它称之为"创造性节约"。

为什么你想节约用钱呢？正如在前面我们所探讨的那样，很多人开始变得节俭，是因为他们想得到其他一些东西，他们为自己树立了一些在经济上优先考虑的重要目标，所以要在其他领域内省下这笔钱，以加快实现其目标的速度。这些目标既可以是买一套崭新的卧室家具，也可以是为提早退休做好准备。

在读完本章之后，你也许会注意到在你父母的生活中，他们运用了各种节俭的方法，他们这样做是为了把钱花在更重要、更有意义的事情上，其中许多事情是为了你。

另外一些人开始变得节俭，是因为他们意识到了富兰克林所说"省下的一分钱不等于赚来的一分钱"是错误的。事实上，在现今这个高税收低利润的社会中，省下一分钱便相当于赚到 1.4 分钱。下面就有一个例子，假设你想买某种价值 1000 元的物品，如果你是利用周末打工赚来的钱去购买它，那么实际上你等于用 1400 元才买到它。这额外的 400 元包括了工商局及各种政府机构所扣的税。如果你在其他方面节省些，则只需 1000 元就够了，因为这 1000 元是免税的。另外，你的周末时间也可省下做其他的事情。

我们可以在许多例子中看出省钱要比赚钱容易得多。例如，你的丈夫外出工作时你在家照顾孩子，也许这还不如你也去工作更划算一些。但在某些情形下，妻子在工作上的花费已相当于一个家庭的全部收入。若是这样，与其努力赚钱还不如多想想办法省钱。自己做饭比买现成的要省钱，缩减开支，种植蔬菜，你会发现省下来的钱和你工作赚来的钱差不多，而且在节省的过程中你还享受了生活。

节俭的五种类型

节俭可分为五种类型。通过阅读下面的几项你不但可以找出自己究竟属于哪种类型，还可以从其他的类型中学到很多东西。

✿ 毫不节俭——从未想过要省钱。

✿ 普通节俭——最常用的节俭方法。

✿ 审慎节俭——需要运用特殊的知识或者进行详细周密的调查，但在生活中它可能没有被广泛应用。

✿ 积极的节俭——通过特殊的努力和创造性来进行节约。

✿ 过分节俭——通常发生在那些已经超出正常节俭范围的人身上。

下列内容是就各种类型的节俭进行举例说明：

毫不节俭型

一个从不节俭的人，就是那种在生活中对商品价格没有概念的人，这种人随心所欲地消费。在我国几乎很少有人（除了年轻人）是严格意义上的毫不节俭型。

普通节俭型

它所花费的努力很少，你只需对身边的广告信息稍加注意就会发现很多省钱的机会，例如：

✿ 大减价——如果想买一条新表链，恰巧又看到一家百货公司八折出售你喜欢的表链，那么你还有必要按原价去购买吗？

✿ 优惠券——一些报纸期刊上到处都是优惠券。使用一张2角钱的优惠券也许没有什么意义，但是如果你有10张2角钱和5张5角钱的优惠券，加上两张1元的优惠券，你就可以省下6.5元。每个星期都这样做，一年你就可以省下300多元。

✿ 在非高峰时间打电话——众所周知在夜间打长途电话的费用较低，打电话问问长途接线员，看看什么时间内的收费标准会有所不同。

✿ 特殊信用卡——现在有许多信用卡会向你提供打折的机会，

比如长城卡和龙卡，用这些信誉卡购物时，你通常可以获得 10％以上的优惠，甚至一些商家会为你免费提供服务，所以你应努力寻找一种适合你消费习惯的打折卡。

审慎节俭型

这种节俭需要你付出较大的努力，尽管你不得不为此改变原来的生活方式，并长时间思考如何去获得这些折扣，但是你节省下来的钱数也将会很可观。

✻ 对比购物——当你想要去买一件重要的东西时（超过 50 元），多走几个地方，看看哪个地方的价格最合理，这也就是我们常说的"货比三家"的原则。很多百货公司（特别是那种家用电器打折公司）都保证自己的价格是最低廉的，你可以通过"鹬蚌相争，渔翁得利"的方法将价钱压得更低。这种习惯在你受雇于一家公司时，还会受到老

> 我们所以富有并不是因为拥有什么，而是因为不觉得缺少什么。

板相当的青睐，因为你在尽力为公司着想。

✻ 机票打折——提前 30 天订票，你就可以获得很大的折扣，详细情况可以向旅游公司进行咨询。

✻ 额外收获——如果你肯好言相求，那么会有许多公司愿意取消你的服务费或给你额外的奖励。例如，如果你向一些信用卡公司提出请求，他们也许会取消你每年的服务费。如果你打电话给长途电话接线员，并声称你要换到其他的公司去，他们可能就会为使你留下来而向你提供一些优惠政策。

✻ 备足食物——当你需要的东西大减价时，不妨多买些储备起来。例如，你有一只狗，当它最喜欢吃的食品大减价时，买足一个月的（或更多），你知道最终自己会用到它。对任何你常用的东西都如法炮制，经常备足各种东西：早餐吃的谷类食品、面纸、饮料等等。

✻ 自己做饭，避免在外边吃饭——在外边吃饭是很昂贵的，用

在饭店吃饭所花费的 1/4 钱数就可以自己做一顿饭。如果你想多节省些钱，不去饭店吃饭是你首要的选择。

❀ 种植菜园——如果你有时间，有一块地，并对此感兴趣的话，那么一块菜园就可以为你省下不少钱。

❀ 和朋友去锻炼——参加健康俱乐部的费用很高，有许多地方一年的费用要超过 500 元。与其花钱做运动，不如组织你的朋友们一起跑步或骑自行车。

积极的节俭

这需要你以富有创造性的方式来节约用钱。你必须付出巨大的努力去运用这些技巧，但如果你能对花钱采取一种顽强的抵制态度，那么这些技巧每年可以为你节省一大笔开销。对于一方照看家务另一方外出工作的夫妻来说，这些技巧尤其有效。

❀ 讨价还价——在许多时候价格看上去似乎是固定的，但实际上你完全可以进行讨价还价。这种现象特别存在于一些高价商品上（汽车、房子等）。例如，你想做建筑生意，那么几乎任何一家建筑公司都会向你提供折扣，任何一家急需现金的公司都会降低它的报价，以使它的现金尽快获得周转。通过询问你就可以得到折扣，这很简单。你在问"我怎样做才可能获得折扣"时，常会遭到拒绝，但如果你习惯于向多家公司进行咨询的话，那么你会吃惊地发现有许多公司很乐于向你提供折扣。

❀ 自己动手——乍听起来似乎有些过时。如果你有一个电熨斗，每次熨衣服可能会花费 1 元或更多。如果每星期熨 5 次，那么一年就会耗费 250 元。你可以使用自然晒干的办法，这样可以省下很多钱。

❀ 在打折商场购物——现在许多大城市都有打折商场，这些商场以 5 折或 7.5 折销售衣服和家庭用品。如果你不介意使用便宜货，那么这就是一个很好的节俭方法。

❀ 不买名牌产品或成品——名牌产品由于广告费而使得价格较高，许多现成的食品由于其便利而使得价格昂费。如果你只想买些必备品，像面、糖、盐、大米和肉类，而且自己加工的话，那么你每年就会潜在地省下了几百元开销。

✤ 把主意打在礼物上——如果你想得到某件东西，而你知道你的家人正为你准备节日或生日礼物，那么你不妨打消买它的念头。你可以要求你的父母把它作为节日或生日礼物送给你。

在本篇中我们讨论了一些经济问题，并阐明了它们对于成年人的重要意义。如你所见，经济生活既有趣又很复杂。作为青少年，你现在就要掌握这一切，在你涉足自己没有准备的领域之前，它会令你了解自己所面临的各种选择和义务。

阅读完这部分的内容之后，你也许想出去走走，并读一些关于个人理财的书，这样你就能为走入现实生活做好准备。

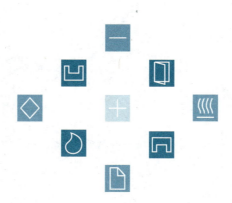

生活中还有许多方面会影响你迈向成功。本篇将向你介绍生活中另外一些重要的事情。

勇于梦想，勇于执行！

生活千面

The Other Facts on Life

　　青春并不完全是人生的一段时日，它是一种心情。它并不完全是玫瑰颊、红唇或柔膝。它是意志的气质、想象的能力、感情的活力，它是生命泉源的新机。

　　青春是勇敢超越怯懦，冒险超越逸乐。后一点常见于50岁的人，而非20岁的人。

　　只活了若干岁月并不能算老。人们变老只是由于他们抛弃自己的理想。年岁只能使皮肤起皱纹，而抛弃热情则使心灵起皱纹。烦恼、疑惑、丧失自信、恐惧、绝望——这些才能使人弯腰屈背，使壮志转入尘土。

　　无论70岁或17岁，人总有好奇心，对星星与类似星星的事物惊奇，向某些事的大胆挑战，以及对未来和欢乐人生的永不泯灭的童心。

　　你因信心而年轻，因疑惑而衰老；因自信而年轻，因恐惧而衰老；因希望而年轻，因绝望而衰老。

　　在内心深处，有一间记录的密室，它接受美丽、希望、欢愉、勇气，你就能永远年轻。一旦你心灵上覆着悲观讥诮的冰雪，只有那时，你才真的老了。

——〔英〕尤姆

正确的成长道路是这样——吸取你们前辈的一切经验，然后再往前走。

秘密三十
● 健康的秘密 ●
On health

2008 年 8 月，北京奥运会成功举办了，在运动场上我们不仅看到了运动员的精彩表现，更感受到了赛场上一个个身影散发出来的青春活力。那是力与美的展现，更是健康的证明。所以青年朋友们一定要注重体育锻炼，培养自己运动的习惯，让自己拥有一个健康的体魄。

运动会让你身心健康

体育运动在生活中的各个方面都能体现其中心作用，看看我们生活的这个世界就知道了：

❀ 看看世界各地有多少体育馆和健身房。

❀ 看看有多少人观看体育竞赛联合会、大学和高等学校的体育赛事。

❀ 看看广告商们在体育赛事中投入多少广告费。

❀ 看看有多少你认识的人在观看足球联赛，在收视率最高的体育电视节目中，几乎半数是在放全国足球甲级联赛。

❀ 看看有多少人出席或观看奥运会。

❀ 看看体育名星是多么地受欢迎。

精通一项体育运动

如果你也像我一样是一名又矮又瘦且很懦弱的年轻人，并厌恶体育和运动，那该怎么办？我能够感受到你的痛苦，过去我就是一个这样的少年。我讨厌体育课，我爬不上吊绳，也做不了引体向上，甚至连打篮球都笨手笨脚。我告诉你一个秘密，所有这些都是错觉。我之所以不能做这些事是由于我认为自己做不到，绝对没有其他的原因。在我 16 岁那年，妈妈给我买了一辆变速自行车作为生日礼物，我发现我很喜欢骑自行车。我看上去骑得很协调，感觉很好，这是一个消耗多余能量和赶走愤怒的好办法，于是我每天都要骑一会儿自行车。有一天，我骑了 5 公里，接下来的几天骑到了 8 公里，我一直坚持下去，直到我逐渐在一天之内可以骑 50 多公里。这对我来说是一种莫大的鼓舞，一个既瘦小又懦弱的男孩，已经把自己塑造成一个可以在一天内骑 50 公里自行车的人。通过这次小小的成功，我意识到自己可以做到任何事。接着我尝试做引体向上。一开始，我只能做 1 个，但我坚持天天做，两星期后，我能做 2 个，最终我可以做 20 个。接下来我做俯卧撑，然后开始跑步……

在大学毕业时，我曾想要成为一名运动员。我问自己："为什么我无法在高中时代做到这一切？"原因是我深信自己做不到这些事情，那是缺乏自信所带来的精神上的错觉。自信是成功的关键因素。

如果你现在不具备运动员的条件，该怎么办？我建议你努力去试着成为一名准运动员。如果你喜欢独处，则进行一种自己可以独力完成的运动；如果你喜欢竞争，则选择一项竞技性强的运动；如果你喜欢大自然，就选择户外运动；如果你喜欢群体运动，就去参加体育俱乐部。有上百种运动项目可供你选择，比如跑步、骑单车、保龄球、排球、篮球、冰球、滑冰、网球、举重、滑雪……

你要从现在开始坚持做下去。最初的一段时间里你可能会觉得自己有些傻气，你的体形可能会变得难看，你也许会失去每场比赛。不要在意这些事情，坚持下去，终有一天你会看到发生在自己身上的

> 凡能为别人生命带来阳光的人，自己的生命也必明亮开朗。

奇妙变化。你能够做到任何你想做的事情，关键在于你能够长时间地坚持下去。

作为青少年，其优势在于你有大量的空闲时间进行体育锻炼，你的学校为你提供了许多设备。在未来的日子里，你可以把通过锻炼得来的技能运用在任何一项运动上，直至你的工作。这对于整日忙碌的你来说是一种快乐。除此之外，运动还能帮你减肥。

你的身体在某种程度上具有记忆力，你年轻时学会的东西一生都不会忘记。请记住下列几点：

❀ 唯一能阻碍你拥有健康体魄的，只有你自己。

❀ 缺乏锻炼，会令你看起来很不协调。如果你能够长期地进行锻炼，那么你的身体会逐渐变得灵活起来。当你做事时，它会让你拥有灵活的反应和持久的耐力。

❀ 体育锻炼能使人受益匪浅。

❁ 体育锻炼能为你塑造健康的体魄。

❁ 体育运动是建立自信心的良好途径。

运动与性格的培养

你也许经常听到关于运动培养性格的事情。在我十几岁时，我对此的疑问是："那究竟意味着什么？"下面让我举些例子来帮助你理解它：

❁ 长期从事体育运动能够锻炼你的纪律性，能使你具备成功所必需的自制力。尽管你对此不情愿，但你仍然要坚持下去。这是生活中一项十分重要的技能，工作后你就能够意识到这一点。

❁ 团体运动可以建立信任感——你在团队中工作时，你要学会信任他人，他们也要学会信任你。而对于大多数的年轻人来说，很难在运动场外做到这一点。

❁ 运动会使你恪守承诺——一旦决定要进行体育锻炼，你就要每天都坚持下去。例如：你加入一个足球队，如果你不想被扫地出队的话，你就必须要保持自己的训练。

❁ 运动能使你正确认识输赢，并帮你建立起正确的人生态度。当你进行体育运动时，要认识到输与赢都是不可避免的。同样，你一生中进行的种种尝试也要经历成功与失败的淬炼。运动能使你正确地面对这一生活中的事实并做好准备。运动还能够教会你如何坦然地接受输与赢。

❁ 运动能教会你如何忍受痛苦——运动的另一个含义就是忍受痛苦，理解痛苦，并在痛苦中取胜。这是一条重要的生活原则。

❁ 运动能使你具备团队精神——团体运动能使你掌握如何与队友进行配合以及如何在团队中发挥自己的作用。具备这种精神能使你在商业领域中身价倍增，因为每个企业都是一个团队，而成功的事业背后就是因为有一个成功的团队。

对别人表示关心和善意，比送任何礼物都能产生良好的效果。

秘密三十一
● 生命的秘密 ●
Life is short

　　人生短暂而珍贵，朋友，你想过要怎样度过自己的一生吗？是做些有意义的事情，还是整天庸庸碌碌，把宝贵的时间都消耗在打游戏与看电视上？是塑造自己良好的品格，还是效仿他人沾染一些不良嗜好？这些问题真的很值得你去思考，静下心来想想我们生命的意思吧！

人生的30000升水

　　人生是短暂的，然而年轻人却难以理解这一简单的事实。许多年少的人都认为自己和"死"、"老"这些概念不相关，这种心理在我们身上会持续到二十几岁，然后逐渐地消失。

　　假设你站在一片沙漠里，身边有一个巨大的蓄水罐，里面有30000升的水。这就是你要喝的水，每天你大约喝掉 1 升。有个人走到你身边对你说："嗨，能给我 1 升水喝吗？""当然可以。"你回答。事实上，如果有人向你要 100 升水，你也会给，因为你有 30000 升的水呢，你把水弄撒了一些也没关系。你会发现每天你似乎并没有从罐子中拿出多少水，但一段时间之后水却明显地少了。甚至有一天你会发现罐子里只有一半的水。接下来是四分之一，最后只剩一丁点儿。这时，你才会意识到水对你来说是多么重要。

　　30000 是一个具有重大意义的数字。假设你能活到 82 岁，那就有 30000 天。如果你现在 15 岁，那么你就已用掉了 5500 升的水，而水似乎还很多。事实上，水的供应似乎是无限的，因此你会认为自己是不朽的。但是每天你都要喝掉 1 升水，而水却不会再增加，它是有限的！

　　年少的你可以轻易地扔掉 20 或 30 年的水，但在人生的后期你会明白那些水是多么地有价值。长大之后，你会看到生命中有很多既重要又能令你从中享受乐趣的事情：你的儿女，你的孙子，你的配偶和退休后的生活等。那时，水对你来说已变得十分重要。然而，覆水难收，一切都已经无法挽回。

最愚蠢的行为

　　缩短生命的最佳方法就是吸烟，如果你从少年时期就开始吸烟，那么你可能会扔掉 10000 升"生命的水"。所以吸烟又被人们普遍认为是最愚蠢的行为。

　　如果你问一个不吸烟者，他会告诉你吸烟是一个很不好的习惯。

如果你问一个吸烟的人，他也会这样说，并会表示很后悔，希望自己从未开始过。吸烟很可能会令你得肺癌，会使你的健康出现问题，会令你的呼吸、头发和衣服都发出恶臭，会损坏你的记忆力。避免吸烟还有另外两个原因：

✽ 吸烟者平均开始于 15 岁，死于 60 岁，如果吸烟者一天吸两包烟，那么他会抽掉 657000 根烟，留下令人作呕的 657000 根烟蒂。

✽ 假设每根烟 5 角钱，那么在你的一生中，你花在香烟上的钱将达到 328500 元。如果一根烟 1 元钱，那么你总共的花费会超过657000 元。你完全可以用另外一种更好的方式来花掉这笔钱。

除此之外，吸烟会严重地缩短你的生命。

最浪费生命的产品

成功者认为："生命是短暂的！有谁会把时间浪费在电视上？"这其中有三个问题：

一是电视输送信息的密度要远远低于报纸、图书。每个人每天花在电视上的平均时间是 2 小时，青年人花的时间更长。如果你从今天起能够停止看电视，并更有效地利用这段时间，那么在你的一生中一定会有更多成功的机会。

二是许多电视节目都是人类思想上的垃圾，它们纯粹是对时间的一种浪费，或者说它们干脆就是有害的。例如，一个孩子到他小学毕业时已在电视上看了 8000 起谋杀；一个青少年到 18 岁时，已在电视上看了 20 万起暴力事件。

三是电视所产生的商业效应会驱使你去购买那些在看不到电视时你既不想要也不想买的东西，这完全是一种浪费。

请看下面有趣的引文：

当电视台开始播放节目时，你坐到电视机前，并待在那里别动，你将会看到大量的垃圾——游戏节目、暴力、观众参与的节目。关于那些特殊家庭的公式化的喜剧……鲜血和愤怒……伤残、暴力、虐待、谋杀……私家侦探，更多的暴力、卡通漫画……还有无休止的商业的叫喊、哄骗和犯罪。

这是美国 FCC 的主席牛顿·N. 米诺 1961 年对其国家联合会所说的一番话。有趣的是，从此以后电视变得越来越糟。

每个人每天花在电视上的时间平均是 2 小时，这不是少量的时间。假设从你 10 岁算起到 80 岁的 70 年时间里，你在看电视上就要花费 51110 个小时，这几乎是 6 年的时间。你完全可以把这段时间更

> 虽然世界充满痛苦，但也充满克服了痛苦后的喜悦。

有效地利用起来，像读读书，散散步，做一份兼职工作，学一种乐器，或一门艺术，同别人聊聊天，做运动等其他一些具有积极意义的事情。

最害人的感觉

世界上的毒品有很多种：海洛因、古柯碱、安非他明等。没有一个成功者会使用毒品。毒品在很长一段时间内会令你神志不清，更严重的是它剥夺了你成功的机会。

毒品能带给你"飘飘欲仙"的快感。问题在于享受这种快感，你要付出巨大的代价。随之而来还有意志消沉、沮丧。快乐的感受是短暂的，而消沉与绝望却长时间纠缠着你。你从中得到了什么？

用毒品时你会很冲动，然后很快地萎靡下来。你唯一能做的就是再服食毒品。这就是那些瘾君子长期不停地服用海洛因或安非他明的原因。对他们来说，放弃就意味着死亡。

如果那种快感伴随着绝望和消沉，那么你从中得到了什么？事实上，你失去了一切。这种快感会令你上瘾并使你越陷越深。

毒品对人们有百害而无一益，因此你要远离那些向你讲述毒品种种好处的人。

未来属于相信自己梦想的人。

秘密三十二
● 人性的秘密 ●
On humanity

　　你是人类群体中的一员，因此你必须拿出时间与他人交往。这是生活中的事实，所以很好地理解人性对我们来说是十分重要的。如果你明白为什么人们在生活中会有这样那样的表现，那么你就能融洽地与人相处，而不会格格不入，并且能够顺利地达成自己的目标。

人们喜欢被别人称赞并乐于接受礼物

有一天你待在学校里，老师走过来对你说："上次的考试你答得很不错，这让我忍不住想过来告诉你这给我的印象有多深刻。"听到这番话你定会心花怒放，并觉得这位老师真不错。由此而知：人们都喜欢那些给予他们赞赏和送给他们礼物的人。

人们讨厌受到惩罚、恐吓和批评。你对一个总是不断批评你、恐吓你和惩罚你的人会作何感想呢？任何人都不会喜欢这样的家伙。毕竟遭人指责不是一件好受的事。批评要带有建设性，而不能伤害人，同时最好和表扬结合起来。因此你应当问问自己："我是否总在批评别人？如果是，我能否换个说法？有没有什么人一直在批评我？如果有，我能否改变这种状况？"

人们崇尚公平

当你到了三四岁时就开始为"公平"动脑筋了。如果你有一个表兄弟或姐妹，那么你们会经常为了公平问题而争吵不休。有人拿到一块饼干，其他人也该得到一块饼干。这个问题也已逐渐在成年人中反映出来，每个人都希望能够受到他人公平地对待。

因此，你应问问自己："我是否能公平地对待别人？"

人们喜欢遵纪守法的人

人们是这样认为：如果每个人都能够按规定做事，那么我们的社会就会美好得多。例如，当我们看到有人闯红灯时，就会因为他扰乱正常的交通秩序而不高兴。如果有人站队加塞儿，我们一定会对其行为大为不满，甚至会出声喝斥。

在我们自己遵守各项规章制度时，常希望别人也能够这样做，因为只有这样，那些经验才会是平等和有效的。

人们讨厌被告知不能做某些事情

告诉人们不要去做某事，实际上就是在促使他们去做这件事。所以当上帝告诉亚当和夏娃不要吃树上的禁果时，就已注定了他们偷吃的命运。这是人的一种本性：当有人告诉你不要去做什么时，你一定更想去做。这就是通常所说的逆反心理，它对人们的日常行为具有很大的影响作用。

因此，你该知道，不要告诉别人不要做某些事情，而是要指出问题，请求合作。当你很想尝试去做一件事时，要先问问自己："我是否因为有人告诉我不要做这件事才更急于去做的呢？"

人们不喜欢受人摆布

人们也不愿受到别人的摆布。每个人对诸多的挑剔都会感到厌烦。因此，所谓的最后通牒也常常摆脱不了遭到拒绝的命运。

作为青少年，你对此可能会有更深的感受。你也许经常收到别人的最后通牒，这也是你渴望成年的原因之一，你相信这种状况会随之结束。对你来说，应付各种命令的最好方法就是像一个成年人那样与你的父母和老师进行交流，并且在一开始你就要表现出他们不能再把你当做孩子来对待。

人们喜欢有所选择

人们喜欢有所选择地做事。所以饭店里会有菜单，超市里会有上万种不同的商品，旅行包会有2000多种款式，就连上大学也有好多种选择。

如果我告诉你必须去做什么或禁止你做什么，你一定会产生强烈的反感，因为你没有了选择的自由。这是人类与生俱来的"选择"本性的体现。

下面是一个有趣的心理测试。你把100人关在一间屋子里，让他们每人完成一份多选题的考卷。当他们拿起考卷时，会听到一种刺耳的声音，他们要在这种声音的干扰下答完考卷。你再挑选100人，让他们答同样的考卷。与上组人不同的是，你在房间安装了一个按钮，并告诉他们："你们在答卷时会听到刺耳的声音。我只是想检验一下你们在受到噪音的干扰时成绩会怎样。如果你觉得无法忍受，可以按下按钮，噪音便会停止，按者不会受到任何惩罚。"实验结果显示，第二组的分数要远远高于第一组，即使他们根本没有按下按钮。同一份卷，同一种噪音，唯一不同的是第二组成员多了一个选择，即他们可以放弃这种选择。由此可见，人类"选择"本性的影响力有多大。

无论何时，当你要求别人去做某些事情时，他们都会产生与之相抵触的情绪。因此在日常生活中，你要"请求"别人去做某事而不是"要求"，人们对它们会产生不同的反应。

人们各不相同

观察一下周围的人，你会注意到：

❋ 有的人整洁，有的人脏乱。

❋ 有的人谨小慎微，有的人粗枝大叶。

❋ 有的人喜爱艺术，有的人专注于某种技能。

❋ 有的人悲观消沉，有的人乐观向上。

❋ 有的人善于驾驭词汇，有的人对数字敏感。

❋ 有的人注重理智，有的人依赖情感。

❋ 有的人自信，有的人自卑。

❋ 有的人内向，有的人外向。

❋ 有的人喜欢优雅别致的餐厅，有的人喜欢简单便捷的快餐店。

❋ 有的人雷厉风行，有的人慵懒成性。

❋ 有的人脾气暴躁，有的人性格温和。

总之，人与人之间是各不相同、互有分别的。如果仅仅因为你自己是个整洁、细心、热爱艺术、害羞且性情温和的人，就认为所有人都是这样，那你就大错特错了。

人们难以接受突然的变故

当人们对某一事物习惯和适应了之后就希望它能一直保持原状。一般而言人们是不愿接受突发变故的。例如,有一天你的母亲告诉你,你们家将搬往另一座城市,那么你也许会感到很不适应。

减轻突变带给你种种不适的方法就是做到预先提醒。如果你能对将要发生的变化做出预告,那么这比突如其来的变故更容易被人接受。人们对付突发变故的古老方法就是采取防御措施,对变化加以阻止。

人们喜欢与快乐幸福的人走在一起

如果让你选择是同幸福快乐的人还是与抑郁悲伤的人待在一起,你一定会选择幸福快乐的人。如果你希望人们能与你走在一起,那么你就要保持快乐的心情。

人们对第一印象记忆深刻

一般而言,别人留给你的第一印象是最不容易忘掉的。假设你遇到一个陌生人,他在你面前做的第一件事就是喝叱一只狗,甚至还踢那只狗。可想而知他会留给你一个什么样的第一印象。这一幕可能会伴随你一生,因为它是你接触到的与那个人有关的第一件事,你很难在看到他时不想起它。在生活中我们应当牢记这一点,以确保自己给别人留下良好的第一印象。

人人都会犯错

每个人都不可避免地要犯错误,这是生活中的现实。人们经常会出现判断上的错误、遗漏的错误和记忆的错误……有时,直到很久以后你才会意识到这是自己犯了错。幸运的是,人类的一大优点就是拥有慈爱的包容心，因此你所犯的错误一定会得到世人的谅解。

人们喜欢被人感谢

如果你为某个人做了什么事情，也许是花两天的时间为他筹备了一场舞会，也许是精心地给他准备了一份礼物，那么当这个人对你的所作所为大加赞赏并说了一些感谢的话时，你一定会感到无比的快乐。这就是在节日里你的父母要你把一些写满感激话语的卡片送给别人的原因。可能那时你还是一个 6 岁大的孩子，无法体会其中的道理，但你的父母却深知那对于收到卡片的人来说有多重要。因此你要常常问自己："我最后一次对别人表示感谢是在什么时候？"

人们在群体中的表现不同于独处时

人类是一种社会动物，其在独自一人时所发挥的影响力与在群体中发挥的影响力完全不同，这是生物普遍共有的特点。例如，当你把一只蚂蚁单独放在空地上时，它什么也做不了，但如果你把它同 30 只蚂蚁放在一起，它们就会一起合作挖地道。人类也是如此，你同一个人外出约会，他（她）的表现一定会与在学校里的表现大相径庭。

存在于社会中的动物都希望能被群体所接纳。因此，即使你所在的群体正做着你不喜欢的事情，你还是会跟随他们一起去做。

由此看来，当你处于群体中并决定要去做某些事情时，你先要问问自己："如果只有我自己，我还会做这些事吗？"

随着时间的流逝，你会逐渐了解人性的特点并掌握人们处理各种问题的方法，同时你还会发现自己身上与众不同的地方。当你对这一切有所了解之后，就会明白为什么在某些环境下你会有这种反应，而别人会有与你完全不同甚至相反的反应。清楚地了解人性的特点是你能否获得成功的重要因素，因为它赋予了你预知未来的能力。

每个人应当从小就看重自己，在别人肯定你之前，你得先肯定自己！

秘密三十三
● 孤独的秘密 ●
You are no talone

当某些不幸的事情发生后，你可能会有独自一人承受痛苦的感觉。你会感到孤独，甚至觉得全世界都背叛了你。但事实上你并不孤独。原因是：第一，你身边有很多愿意听你倾诉痛苦的人，他们会尽其所能地帮助你。第二，你所遭遇的事情已经有成千上万人经历过了。通过找那些人谈谈或阅读几本与此有关的书籍，你会感受到新的力量，看到新的希望。

拒绝与失败

受到拒绝是生活中的常事。因为你在向成功迈进的每一种尝试中都面临着失败的可能。作为年青人，对下面的内容你可能并不陌生：

❋ 上大学或申请奖学金被拒绝，并被通知要另寻出路。

❋ 工作申请被拒绝或杳无音信，甚至收到解雇通知。

❋ 你在约某个女孩外出时被她拒绝了。

❋ 申请加入自己一心向往的某个团体，但被拒绝掉。

❋ 将艺术品送去参加竞赛或把文稿寄给出版商，但被退了回来。

❋ 受到别人的嘲笑。

❋ 你的同龄人说你愚蠢。

接受拒绝并不容易，因为任何拒绝都带有一定的伤害性，它们使你不知所措，令你觉得自己一文不值。当你为了一项计划奋斗了数日之后，得到的却是拒绝和失败时，这种感觉尤为痛苦。

然而，你要明白一点：任何拒绝都不意味着世界末日的来临。我到现在还记得我 17 岁那年，遭到渴望进入的大学拒绝后的滋味。我真的很想进那所大学，用了整整一周的时间参观游览了整个校园（距我家 1000 公里），然后我又拜访了一些上这所大学的朋友，而且我考试的分数很高。但我最终还是被拒之门外。那个时候对我来说真像世界末日一样。如今转眼间几年过去了，当我回忆起这件事时，觉得它已完全不重要了。当你把这件事同生活中的其他不幸遭遇相比较时就会明白，这根本算不了什么。

经过一年的时间，许多痛苦都会被冲淡，继而消失，但它们会留给你一样重要的东西——坚强，从此你会更容易接受和理解拒绝。要知道，你身边的每个人都尝过被拒绝的滋味。

面临危机

作为年轻人，你会遇到许多"毁掉你一生"的危机：

❋ 威胁生活的疾病。

❀ 车祸及其他意外事故。

❀ 父母感情破裂或离婚。

❀ 与你的恋人出现隔阂。

当这些危机出现时，你会手足无措甚至有大难临头的感觉。而在你度过许多危机之后，你就会变得成熟很多。

我们每个人在一生中都会遇到许多挑战。这些挑战往往会超越我们的能力范围，因此，你要寻找一个处理问题果断、遇事冷静的人与你共同接受挑战。

当你面临困境时，应该找一个能给你帮助的人谈谈。他（她）可能是你的父亲或母亲、一个值得信赖的亲戚、一位成年的朋友、一位知心好友或是学校里的老师。总之你要理智地想想并找到处理问题的方法。你要明白，无论你处在什么样的境地，人们都是爱你的，都不会弃你而去，你并不孤独。

面对死亡

死亡是你在生活中必须面对的事实，它同爱情一样是人生的重要组成部分之一，它为人生赋予了许多重要的意义。世上再没有什么比死更容易，但它留给后人的伤痛却让你永世难忘。

死亡意味着联络、交谈、拥抱和微笑的终结，它使你无法再与自己所爱的人相依相守。死亡所带来的永久空白就像是黑暗山谷中的阵阵空鸣，声音杳杳相传，却无回应。你对此也无能为力。

我清楚地记得父亲去世时，曾有一种强烈的孤独感侵袭着我。我怨恨上苍为什么偏偏将噩运降临到我的头上。然而，在痛苦的挣扎中我逐渐领悟到：

第一，死亡是人人都要面对的现实。一个60岁的老人面对他的朋友或所爱之人的死也会有切肤之痛。唯一不同的是，他明白这是生活中所必须经历的痛苦之一，他有过类似经历并知道时间会冲淡一切。而年少的人在第一次承受如此巨大的悲痛时，却无法意识到痛苦终有一天会结束。在他们看来，痛苦似乎是永无止境的。

第二，每天都有成千上万人死去，还有成千上万人要承受死亡带来的痛苦。但没有一个人是

> 人们总把自身问题归咎于四周环境。能在这个世界开辟出一条道路的，是那些能追寻自己心中环境的人。就算他们找不到，他们也会设法创造心目中理想的环境。

要独自承受的——因为我们每个人都有过这样的经历。当一个人在痛苦中挣扎时，其他人除了静静地陪着他、拥着他、安慰他之外也别无他法。

第三，也是最重要的一点，就是任何人都无法逃避死亡。父亲的死并不意味着什么，它不是对我的惩罚，也不是说命运和父亲抛弃了我。人终有一死，这是事实。你注定要经受这种痛苦，然后在痛苦中重生，继续走自己的路。时间会抚平一切创伤。

面对你生命中很重要的人死去时，你会感到很难过，感到空虚，甚至会有难以置信的孤独感。这很正常，但是痛苦不会永远持续下去，你终将超越它，一切都会好起来的，相信我。

自杀

在美国，旧金山的金门桥备受自杀者的青睐——只要跨过一个栏杆就能垂直落下几百米入水而死。

而一旦沿着桥竖起某种围栏或屏障，企图自杀的人就可能因遇到阻碍而退缩，为此曾有许多美国人就此争执不下。有的说，如果有人真想自杀，他们一定会想尽办法，没人能阻止他们。有的就此反驳说："如果能拖延自杀者一两个小时，那么这个人一定会打消自杀的念头。"从多数自杀事件来看这句话确实正确。自杀的念头通常是由某些令你对生活失去信心的事情引起的，如果你在几个小时、一天或一周内不去想它，那么你就不会再想去自杀。没有什么事糟糕到需要你用死来解决。

2006 年 12 月 22 日，美国著名的"安·兰德专栏"刊登了一封有关青少年自杀的信：

> 当我在杂志上读到一个 12 岁的男孩在家里后院上吊自杀的新闻时，我无法抑制住自己的泪水。
>
> 这个男孩是个超重儿童，他不愿到学校上学是因为他经常遭到同学们的嘲笑。当他感到再也无法忍受时，就在午夜时分起床，找了根绳子，走到后院，结束了自己的生命。
>
> 当警方宣布男孩死亡时，他的母亲几乎崩溃了，他的父亲立即砍掉了那棵树。
>
> 安，这真是场可怕的噩梦。那个孩子身高 1.41 米，体重 160 斤，他的父母曾带他看过医生和健康顾问，希望能帮他建立自信心。
>
> 大多数家长都只是教孩子们要明辨是非，要礼貌待人或尊敬他人，却忘了教他们要有一颗同情之心。我总是告诉我的孩子在做事前要多为别人想想。
>
> 安，我恳请您发表这封信。孩子们需要知道嘲笑他人是一件多么残忍的事情。一个美好的生命已经断送于此—— 我很难过。

很明显那个男孩被同学们缺乏同情心的嘲笑逼上了绝路，但除此之外我们还要认识到，这个男孩选择了并不是最有效的解决问题的方式。当你也处在类似的情况时，要知道：

❀ 那群嘲笑他的同龄人都是荒谬无知的。你所听到的都是些在事物发展过程中起不到任何重要作用的想法。

❀ 他的自杀给父母及亲人带来了难以形容的打击。

❀ 一旦选择自杀，他就失去了为这个世界作贡献的机会。例如，他可以建立一个帮助人们减轻痛苦的组织，但现在一切都不可能了。

自杀是他做出的选择，但决不是最佳的选择。如果你遇到类似的情况并想要自杀，那么在此之前先要找个能令你信赖的成年人谈谈，听听他的意见。你之所以会有自杀的念头是因为你钻进了牛角尖，从而无法看清身边的世界。想想你做出的选择，再试着换一个思考的角度，你将会发觉，自己所承受的痛苦根本算不了什么。

孤独时该做什么

当你倍感孤独和痛苦时，可以试着做很多事：

✽ 交谈——与值得你信赖的人交谈，把你的感觉告诉他，请求他帮你寻找出路。

✽ 写作——说和写不同，它们分别受大脑中不同的部分支配。写作只涉及自己，它有治疗的作用，它会帮助你重新体会所发生的事情。你可以试着把自己的感受写出来。

✽ 默念——向上苍默念，说出你内心的感受，请求意念上的帮助，还要感激这个世界所赐予你的一切。

✽ 散步——大脑受肉体的保护，同时又与肉体相互影响。散步可以促进大脑的思考力。强迫自己走一段路，然后再走回来，这样会令你感觉好些。

✽ 工作——你不能只是站在那儿，任凭悲伤将你吞噬。你总要做点什么，这也是你要工作的原因。工作能够分散你的注意力，减轻你的痛苦。每天工作 16 个小时，然后去睡觉。

✽ 思考——仔细想想，你也许会更理智地看待问题。写作与交谈都体现了这一点。

✽ 哭泣——哭并没有什么不好，它是发泄悲痛的一种方法。

✽ 等待——当你遭受死亡和拒绝所带来的痛苦时，让你做到这一点几乎是不可能的。但如果你肯等待，痛苦会慢慢地消失。要有耐心。

✽ 帮助他人——许多时候，帮助别人比其他方法更容易抚平你的伤痛。在你帮助他人时，你的精力完全放在了别人身上。这样，你往往会忘记自己的痛苦。通过帮助他人，你可使自己获得重生。

✽ 加入一个新的俱乐部或是别的什么组织——有时，加入新的集体会使你忘记以前的很多事情，你可以加入志愿者组织或某个团体。不断地寻找新的事物能令你抛开过去的一切。

真实的世界，不是花房，不是温床，更不是父母的羽翼。

秘密三十四
● 幸福的秘密 ●
Build up your happiness

　　你感受到幸福了吗？到底什么是幸福呢？考了理想的成绩？得到了一直期待的礼物？在学校里有很多要好的朋友？还是拥有很多金钱？可能大家对"幸福"的理解都不一样，但是它都会让你产生一种满足感。

　　"幸福"可以从物质和精神两方面来理解，然而衡量的标准并不唯一。一个百万富翁并不一定幸福，一个贫穷的人可能会感受到更多的幸福。

物质不能带来幸福

"如果我有……我的生活一定会非常完美。"这是普遍存在的想法。你真的很想得到某些东西：一台新电视机、一辆新车、一双很漂亮的鞋子等等。在一段时间内你会痴迷于拥有这些，但随着时间的流逝，你会逐渐对它们感到厌倦，或者这些东西旧得不能再用了。例如，你的父母、爷爷奶奶在你成长的日子里曾花过上千元为你买玩具：小卡车、芭比娃娃、游戏机和电动车……最后它们不是坏了，就是无法再吸引你的兴趣。它们只能给你带来片刻的欢愉，之后就变得一文不值。而你又会对其他的东西产生兴趣。这会带来一个问题："如果物质所带给人们的仅仅是片刻的幸福，那它意味着什么？"它可能意味着每天我们不得不寻找些新东西来维持这片刻的幸福。

一种普遍的哲学观是：不管赚多少钱，你总是想要更多。如果你挣了 2.5 万元，就会认为 5 万元会令你快乐，而一旦你挣了 5 万元，就会想要 10 万元。幸福的标准会随着贪欲的扩张永无止境地更改下去。要知道，选择不是很辛苦的 2.5 万元年薪的工作会令你更快乐一些，因为你有时间去做那些自己真正想做的事情。

我们应该挖掘物质以外的东西，从而理解人生新的意义。衡量一个人是否富有的方式有很多种，例如：

❀ 朋友——一个能够主动与他人建立友谊，并带给他人快乐的人拥有比金钱更珍贵的财富：朋友。

❀ 健康——一个身体健康的人有规律的饮食习惯，并经常会参加体育锻炼以放松自己紧张的神经。人的健康比金钱更重要。

❀ 体力——一个从事体力劳动并经常跑步、游泳的人会拥有强健的体魄。

❀ 家庭——对于一个将时间和精力倾注在自己的妻子（丈夫）和孩子身上的人来说，家庭是他（她）一生中最大的财富。

❀ 知识——不断读书、学习的人会积累下丰富的知识财富。

❀ 技能——经常从事实践活动的人会练就一项非常优秀的技能。

✳ 性格——工作努力、诚实可靠、品行端正的人往往会赢得他人的信任，这是一笔巨大的财富。

物质财富决不会像你的好朋友、你的爱人、听话的孩子、用爱经营的家、奋斗的目标和一份可心的工作那样，能给你的一生带来无尽的快乐。也许现在你对此感到很难理解，但随着时间的流逝，你终会发现这些财富有多重要。

感受工作的快乐

感受工作带来的快乐对于你的幸福和健康尤为重要。你大部分的时间都在工作，那么你为什么不找一份能真正令自己快乐的工作？为什么不找一份每天早上起床一想到它就令你兴奋不已的工作？

尽管钱很重要，你要依赖它而生存，但它决不是你唯一的选择，钱本身并不能给人们带来永恒的快乐。就像《圣经》说的那样："人类并不只是为了面包而生存。"

探寻生命的意义

什么是生命的意义？对于多数年轻人来说，这个问题很重要，但也常常令我们感到很迷惑，往往是有多少人就会有多少个答案。

对一只兔子来说，什么是生命的意义？兔子出生后，除了进食就是睡觉，到成熟期就会交

真实的世界，是充满生离死别的。如果不能从少年时代开始学着认知生命，一朝遭遇变故，可能造成无法平复的伤害。

配，而后生存直到死亡为止。死亡是永恒的，是生命的终结。因此，兔子生存的目的就是为了繁衍后代，除此以外再无任何意义。理论

上讲，人类死后既无灵魂也没有来世，与兔子毫无分别。这一思维模式导致了以下几种对人生的态度：

✤ 因为生命毫无意义，所以生活没有重点。我将沉溺于自怜和个人的痛苦之中。

✤ 因为生命毫无意义，所以我要尽可能地令自己成为恶人。这是导致"青少年犯罪"和"职业犯罪"的原因。由于生命没有意义，所以你会通过谋杀、抢劫和恶意毁坏公物等手段使人们尽可能地遭受痛苦。尽管还不清楚是如何将"我的生命没有意义"和"因此其他人都该遭受痛苦"这两种观点联系在一起的，但还是有极少数人这样做了。

✤ 因为生命毫无意义，所以活着的时候我要尽情享受生命，换言之就是"也许明天我就会死去，所以我要更好地把握今天"；另一种积极的想法是"生命是一段漫长的旅途，要尽情享受其中的乐趣"。

✤ 尽管生命毫无意义，但我仍愿在有生之年带给他人更多的快乐——这与导致"青少年犯罪"的想法正好相反。

生命的意义体现在人类社会中

生命在快速发展的人类社会中有着重要的意义。当你作为整个社会的一部分而不是一个个体提出"作为整体的人类在向着什么方向前进"这一问题时，你就会看到生命意义之所在。

我们每个人在推动社会发展的道路上都发挥了各自的作用。例如，有很多人为电话的产生、为电信网络的建立、为因特网的发明、为在电话端口建立网络系统以使因特网成为可能付出了辛勤的汗水；还有很多人为使电话进入寻常百姓家，为电脑软件和硬件的发明、推广和使用做出了巨大的贡献。

科学技术进步的速度是十分惊人的，有朝一日我们会登上其他的星球，会到另一个太阳系、银河系中旅行，会堆砌巨石，建造全新的行星，从理论上讲，我们还可以设计另一个宇宙。当这一切成为现实时，人类会与现在完全不同，成为永恒不朽的生灵。到那时，我们可能会以另一种全新的方式来看待宇宙和我们的生命意义。

成长的过程是学习接受失败的过程，你要利用倒下的时间喘气，并思考再出击的方法！

秘密三十五
● 父母的秘密 ●
Understanding parents

处于青春期的孩子总觉得自己长大了，极具叛逆性。父母的话很难听得进去，总是想要独立，让父母把自己当做成年人来看待。而此时的父母特别关注孩子的一举一动，密切注意着孩子在与什么人来往，并且多了很多限制。这到底是为什么呢？

他们在关心什么

尽管你现在仍不喜欢父母做事的方式，但事实上他们所做的一切都是很有道理的。

我清楚地记得自己在青少年时期一直认为大人们都是愚蠢的。但是是什么原因令我如此看不起那些赚钱有我 10 倍多的人？我想是前文中所提到的青少年幻影模型（TIM）在作怪。我们应该学会逐渐理解并使用他们的语言。

如果你了解他们对工资、银行利息、房价感兴趣的原因就会明白：

❉ 成年人之所以会对工作和金钱感兴趣是由于没有这些，他们和自己的孩子就会无家可归。

❉ 成年人对银行利息感兴趣，是因为每年他们要从赚来的钱当中节省下来一部分，如果有一部分存入银行，那么这部分钱就会随着利息的升降而增加或受损。

❉ 你的父母终有退休的一天，他们积极攒钱就是在为退休做准备。他们可能会把退休金连同部分储蓄投资在股票市场里，从几千到几百万不等，以至于不得不经常关注股票行情。

轻蔑与尊敬

仔细观察生活中的你自己，你会发现一些很有趣的事情：

❉ 如果你正通过电视观看奥运会比赛，当你看到运动员出现失误时，你会想："真无法相信他会做得这么糟！"

❉ 如果你正在看一部电影，而主角是你从来没有特别留意过的女演员，这时你一定会想："真无法相信是她主演这部片子，她对演戏根本一无所知。"

❉ 当你看到查理斯·斯克沃德和比尔·盖茨或李·艾柯时，你会想："真无法相信这些家伙能赚这么多钱，他们根本就是傻瓜！"

运动员要经过多年的刻苦训练才能参加奥运会；电影演员要经

过多次配戏、磨炼演技才能达到片酬几百万的程度；商人要经过不断地思索和鼓励才能促使成千上万的人购买他们的产品以实现自己的梦想。与他们相比，你的轻蔑和缺乏尊重又从何而来？当你以轻蔑的目光来看待你的父母和其他成年人时，不妨想想这部分内容。

随着年龄的增长，你将会发现成年人谈论的东西是很有价值、很重要的。如果你也能试着使用他们的语言，那么你就能了解成年人世界里的一切，你就会获得更多的社会经验。

为什么我的父母总要我打扫自己的房间？

过去我曾是一个很邋遢的少年，母亲几乎为此发疯。那时我根本不明白其中的原因。但现在我懂了，让我解释给你听。

你的父母细心照料着他们的房子，因为为了购买这座房子，他们几乎是倾其所有。他们先要为此支付数万元的首付款，然后每月还要拿出一笔钱支付抵押金，最后是装修布置、买家具和其他用品。这座房子对他们来说是一笔巨大的财富，失去它，所有人都将无家可归。

你没有为它做过任何牺牲，你没有出过一毛钱，你没有布置过这里的一切，所以你理所当然地会认为这没什么，你真的不在乎它。但是你的父母却为此付出过，他们在乎，所以他们希望你能认真对待他们如此辛苦为你提供的一切。

为什么我的父母总是让我把东西收起来？

每当你的孩子把昂贵的玩具丢在院子里或屋里的容易摔坏的地方时，你总会感到无法忍受。你不想再花钱买这些东西，你几乎为此发疯，你会不断地提醒他把东西收起来。直到有一天他长大了，也买了这些东西，然后他的孩子把它放在外面，接着他们几乎为自己的孩子乱放东西而发疯……当你不再乱花钱时就会明白为什么父母总是让你收拾好东西，也会懂得该如何照料好自己的物品。

为什么我的父母要听那么愚蠢的音乐？

你和成千上万与你一样的青少年在年轻时都曾倾心于某种歌曲，并对它们保留着清晰的记忆。随着岁月的流逝，音乐对你已不再那么重要，似乎大脑中接受音乐的部分在青春期开启后又再度关闭。不论你在十几岁、二十几岁时听到的是什么，它们最终都会成为你的音乐，也就是你那一时代的音乐，除此之外，其余的乐曲都成了"愚蠢的东西"。

现在你正收集着属于你的音乐，而你的父母却在多年前就已停止这样做。所以，他们至今仍沉湎于他们在青少年时代所喜爱的歌曲里面，你认为他们听的音乐很愚蠢，而他们对你也会有同样的想法。等你长大之后，你也会像他们一样听着你的孩子认为很愚蠢但却是属于你的音乐。

为什么我的父母对我上学穿什么很在意？为什么他们总是督促我要坐直？

你的衣着和坐姿是你留给别人的第一印象，是别人判断你这个人如何的两大标准。你的父母希望你能获得成功，他们知道第一印象对人的成功是至关重要的，因此他们总是希望你外观上能好一点。

为什么我的父母不允许我整天看电视？

看电视是一种乏味的消遣，你的父母不愿看你如此浪费生命，因为他们知道生命是短暂的。试着关掉电视，做些其他更有意义的事情。记住：成功者不会整天坐在沙发上看电视。

为什么我的父母总要把我当做孩子来对待？

让我们看看你是怎么来到这个世界上的。你的父母或许在二十几岁时就相爱了。他们沐浴在爱河之中，最后终于结婚了。他们开始度蜜月，快乐地生活在一起。他们梦想有个孩子，并开始为孩子的到来做准备。但他们对此毫无把握，这种状况大约持续了6个月。最后你的母亲怀孕了，他们感到无比幸福并欣喜地把这个消息告诉其他人。他们期待着你的降生，在等待了9个月之后你终于来到了这个世界，那一天是他们生命中最幸福的日子。你——他们的孩子，是他们生活的中心。你无法想象出自己对你的父母和祖父母来说有多重要，他们无时无刻不在牵挂着你。

他们看着你长大、看着你吃东西、看着你学走路、看着你学说话、看着你上学，你成长的每一阶段都会给他们带来无比的自豪感。

无论何时，他们都会把你视为孩子。他们会为你换洗尿布、会吻你红润的脸颊、会洗掉你在被子上乱画的图案、会为你系鞋带。

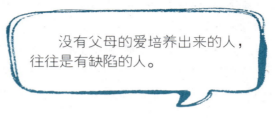

没有父母的爱培养出来的人，往往是有缺陷的人。

当你处于青春期时，TIM会在你脑中形成。你会觉得自己是世界上最聪明的人，这使你想要独立！然而，你的父母会认为你年纪太轻，在他们的头脑中，几年前，你还是个不具备抽象思维的小家伙，现在你竟然想要完全独立？你是在开玩笑吗？他们要同每个父母都得面临的问题进行斗争！他们是如此地爱你，但却不得不放开你，让你走进外面的世界，成为你自己。这的确太难了。另外，你的父母是站在一个长远的角度来考虑这个问题的，而你只考虑到眼前，这当然会不可避免地产生许多分歧。

所有这一切，使你和你父母的关系变得一团糟。在他们眼中，你永远都是个孩子。如果你希望你的父母能把你当做成年人来对待，那么你就要使自己表现得像个成年人。如果你在孩子和成年人之间摇摆不定，那么他们还是会把你当做孩子来对待。

为什么我的父母总是叫我去做功课？为什么他们总是叫我去做家务？

你的父母经常督促你去做功课是由于：

❀ 你长大后必须付房租，否则就会无家可归。

❀ 为了付房租你必须要去找一份工作。

❀ 可能你每周至少要工作60个小时，才能拿到最低额的工资，这真是糟透了。因此……

❀ 你必须找一份好工作。

❀ 为了找一份好工作，你必须要上大学或参加其他特殊的培训，只有这样你才能学到真正的东西。

✻ 为了上大学或参加其他特训，你必须努力学习，并在升学考试中取得好的成绩。

✻ 你必须努力做功课才能取得好成绩。

做功课和做家务都能教会你怎样进行持续的工作，尽管有时你并不情愿。每日 8 小时的工作能使你具备较强的工作能力，它会使你的大脑接受这种能力。做功课和做家务能帮助你尽快地做到这一点，并为你将来的工作打下良好的基础。你必须要有一份工作，你的父母正在为此替你做准备。

为什么我和我的父母经常会发生冲突？

如果你想结束这种状态，以下两种方法可能会对你有所帮助：

✻ 你既然无法控制你的父母，那就试着控制你自己。在一个月内，你要尽量表现得像一个成熟、细心和高素质的人。不要乱发脾气，不要破坏家里的规矩。当你的父母要求你去做什么的时候，你照做就是。如果你想得到什么就先去征得他们的同意，如果他们说不行，你不妨回答："我知道了。"这样一来，事情的发展方向也许会令你大吃一惊。

✻ 请求暂停。你可以对你的父母说："我很愿意改善与你们的关系。我知道我们之间存在着很大的分歧与不信任。我很想找出一个解决的办法，使我们彼此能够坦诚相对并爱护和信任对方。那么我怎样才能做到这一点呢？"你不妨这样试一次，看看会产生什么样的效果。

你的父母与你一样也是普通人。他们之所以能从不同的角度来看待这个世界，是因为他们有更多、更丰富的人生经验。他们也曾犯过错误，也曾看到过别人犯错误，因此他们不希望你重蹈覆辙。而你使自己避免犯错误的一个方法就是多听父母的话。如果你对他们所说的话感到很不理解，那么就请他们解释给你听，你也许会从中学到很多有价值的东西。

若想真正成长，请你学习飞翔、学习觅食、学习工作、学习受苦！

秘密三十六
● 商业的秘密 ●
Living in a business world

微软、索尼、IBM、联想等公司享誉全球，它们是商业组织的典型代表，各家公司通过自己的商业活动获得了巨大的商业利润。你是否也有了经商的冲动？你想过该怎样去获取更大的商业利润吗？就让我们一起来了解"商业的秘密"。

拥有自己的商业梦

　　生活在一个高度商业化的国家里，人们拥有自来水、食物、衣服、房屋和医疗服务，而且还有一样更重要的东西：希望。你可以到学校去学习更多的知识，可以找工作，努力赚钱，可以到任何你想去的地方，每个人都有可能攒到足够的钱买到自己想要的东西。更重要的是，这里不存在限制你成功的因素。在这儿，任何一个有理想、有进取心的年轻人都有机会成为一名成功者。这就是"商业梦"。在这个梦想中，凭借你的本领和技能，你就有无限的选择自由。

　　拥有自由也意味着承担责任。也就是说：有所劳，才有所获。自己做生意是你挖掘这个国家经济潜力和实现自己梦想的最好途径，也是了解商业、社会、政府和经济的最佳方式。作为青少年，自己做生意，你也许只能坚持一到两年，但在这个过程中，你能够学到许多有价值的东西，并为以后建立自己的事业打下坚实的基础。

商业机遇

　　作为一名 16 岁的青少年，有许多事情能够帮助你决定做何种生意。首先，你可能没有巨额的资本（钱）；其次，你缺乏经验，所以只能从小生意做起。你还在上学，因此你只能在业余时间做生意，而且你也不希望客户出现"紧急情况"，使得你无法上课，所以你希望在夏季或周末进行你的工作。从你个人性格的角度出发，你可能更愿意独立经营你的生意或与一个朋友合伙。看到以上这些限制因素之后，你会考虑经营何种生意呢？下面有六点建议：

　　✿ 到快餐店做小时工——这样既不必整天占用你的时间，又可以赚钱，还可以获得免费的午餐，接受团队、营销等一系列的培训。

　　✿ 商品直销——你可以利用课余时间或是周末去做各种商品直销，比如你喜欢的化妆品、图书、CD碟等。这是一份既锻炼口才又锻炼勇气的工作，你的工资也会随着销售额的增加而上涨。

　　✿ 家教——你既可以用到所学的知识，又可以为自己挣些零花钱或是学费。

✿ 清洁房屋——许多清洁公司需要雇用一些临时工，每周为他们工作一次或两次。与此同时，你可以为一些老板洗车。

✿ 为工作繁忙的人跑腿——许多工作繁忙的人常常没有时间去排队取自己更换的执照，没有时间去买所需的物品等，你可以为他们跑腿去做这些事情。

做这些生意最初的投资额都很低，未来它们也会发展壮大起来。你还可以考虑其他的生意，看看你的邻居们都需要些什么服务。

商业中的成功因素

想创建和经营一家成功的企业，你需要做到以下四条：

✿ 你的产品或服务要能够吸引客户。

✿ 你要确保利润，不能做赔钱的生意。

✿ 你要出色地完成工作以便能留住现存的客户，而且他们还会把你介绍给其他客户。

✿ 避免犯那些能毁掉你企业的致命错误。

不要犯致命的错误，否则你的结局会很惨。例如，你可能：

✿ 在快餐店打工时，你少收了顾客钱。

✿ 家教时，没有让孩子的学习成绩有所提高。

✿ 为一家公司做业务，却因为你的原因造成一笔收入可观的业务流失。

在做生意中，如果不够细心，那么你不仅要承担巨大的风险，还可能会遭受难以估量的损失。

介入商业的最好方法

由于你是个新手，因此学习经验和避免犯错的一个最好的方法就是到与你开办类似企业的老板那里打工。例如，如果你想做产品直销，那么你最好先看一些有关的书籍，并试着从你熟悉的人开始，或者跟随一些有经验的销售员看看他们是怎么做的。当你要尝试建立自己的企业时，你所学到的做生意的技巧和发现的问题都对你十分有价值。

失败的计划意味着去计划失败

"失败的计划意味着去计划失败。"这句格言适用于任何商业投机。商业计划的目标，就是预先理解如何对企业进行经营管理和精确地预测出成本，以便你能够合理地为企业所提供的服务定价。通过制定商业计划，能够提高预测的准确性，增加成功的几率。

我还记得自己第一次做生意时是 6 岁，那时候每天都有一辆冰淇淋售卖车在我家周围转。我觉得自己可以按更低的价格出售冰淇淋，于是我动手制作了一些冰淇淋，它们尝起来还不错。我卖 5 分钱一份，结果我几乎没有赚到钱。一周之后，我对此感到很厌烦，于是结束了我的生意。为什么我赚不到钱？因为我在做生意的过程中没有很好地计算过自己的成本。如果我真的要从头开始做冰淇淋生意，那么我需要有：一台冰柜、放冰柜的地方、冰柜的动力来源、模子、糖和香料、水、包装、某种运输工具（像一辆卡车）。

所有的东西都要花钱，它们都是成本。除此之外还要有一点利润，因为我的劳动也有价值。机器设备和与之有关的费用、广告费、意想不到的长期开销（像维修费、保险费、卫生许可）等，所有这些加在一起构成了总成本。那些刚刚迈入商界的新手往往忘记这些隐含的成本，所以常常出现亏损。商业计划能帮助你找出这些成本，并据此定出价格。

制定商业计划

作为青少年，你会很冲动地在缺少计划的情况下就全身心地投入到生意中来，让我来帮你压抑这种冲动吧。

一份商业计划有固定的组成部分，这是美国一家商业咨询机构专门为一家看护草坪的服务公司的年轻人写的一份简单的计划书，你完全可以模仿这个例子制定一份自己的商业计划，其中的内容包括以下几部分：

公司概述

本部分是对你的公司进行直接的描述。对于一个草坪看护公司可以这样说：XX 草坪看护公司向您提供高质量的草坪看护服务，包括割草、修整墙篱，我们将在整个夏天欢迎您的光顾。

如果你想在其他季节也提供某些服务，像清扫树叶和除雪，你也可以刊登出来，写在夏季服务项目的后面。关键一点是在你同客户签约时，你要让客户清楚地知道他能得到什么样的服务。例如，如果你同某人在 6 月签约，每项服务的终止日期是在 9 月，那么等到学校开学时，你和你的客户都要明白这一点。但这其中还存在一个问题，就是人们更愿意这项服务持续到 10 月草停止生长的时候。而且许多人都希望能有人在他们度假期间为他们割草和照看院子。因此，在签约时你要向客户强调这一点，灵活机动会使你的生意日益兴隆。

客户简介

本部分将介绍你所要寻找的客户。你的目标客户是那些在度假期间没办法照看院子的人（你也可以为他们提供其他的服务，像邮信和收报纸）。你可以向你家附近的住户提供全年的服务，还可以为 10 个人服务一个夏天。在公司的筹建过程中，你最好同周围的邻居和那些潜在的客户谈谈，看看他们都希望得到些什么样的服务。这就是市场调查，它是企业用来决定向市场提供何种产品和服务的最常用的方法。

对于你的草坪看护公司，此部分可以在商业计划中这样表述：

XX 草坪看护公司最初的客户将是我的家庭、我同街区的其他住户。本公司还将在此 5 位客户的基础上寻找另外 4 位客户。

市场战略

市场战略就是你计划做广告以争取新客户的部分。下面我将向你在有限的范围内推荐一些有价值的选择：

❋ 上门推销。

❋ 邮送传单。

❋ 直接向熟人推荐。

❋ 在当地的报纸上刊登小幅广告。

每种方式的成本都不尽相同，有一些不必花钱但需要较多的时间；有一些则开销较大但不费时；还有一些听起来不错但实际上几乎得不到任何回应。

这部分在商业计划中可以这样写：

本公司将采用上门推销的方法走访 XX 小区内的 100 户人家。每家都会接到一张介绍本公司的宣传单，而且此宣传单可以转送到那些需要我们服务的人手中。

考察竞争对手

在建立公司之前，你要充分了解你所面临的竞争情况，包括：

❋ 竞争中的费用是多少?

❋ 竞争对手们是如何定价的(统一费用、院子的面积、树的数量)?

❋ 他们都提供哪些服务?

❋ 他们不提供哪些服务?

❋ 他们向客户做出哪些承诺?

❋ 他们多长时间提供一次服务?

从这些问题的答案中你能得到许多有价值的信息。也许当地的草坪看护公司统一定价为每周 30 元，但不进行修整树篱，而且他们还要同客户签署详细的合约，并声明他们的服务会持续到季节结束。你可以充分利用这点，同客户达成口头协议，允许他们在任何时候终止合作。这种灵活性会使你具备很大的竞争优势。

原始费用

为了建立公司你需要一些设备。一个方法是向你的父母借，更好的方法是真正去购买那些设备，无论是新的还是二手的。这样你会理解原始资本的效用。

假设你公司的客户是以你家为中心半径 5 里范围内的住户，他们的院子都很小，因此手推式割草机比座椅式的更适合你。你的原始费用假设如下：

拖车	400 元
拖车挂钩、牌照	150 元
手推式割草机	250 元
割草机上固定的杂草捕捉器	50 元
气动修剪器	125 元
两个气罐	20 元
广告宣传单的成本	10 元
冷却器	15 元
总计	1020 元

你需要拖车来帮你拉设备，其他的你可以自己来。

注意，如果你真的要建立一个公司，那么你还要把你的车算在原始成本内。如果你步行到客户家，你也要把这个加进去。如果你向以你家为中心半径5里范围内的住户提供服务，那么购买一辆拖车就足以使你的原始成本发生巨大的变化。

经营费用

你的经营费用虽然是无关紧要的，但你最好还是能对它们有所了解。假设它们包括：

每周的费用

汽油	10 元
汽车磨损	10 元
油料	3 元
拖车磨损（轮胎）	2 元
总计	25 元

你每周至少要花费25元，再加上你偿还贷款的那部分钱。

价格模式

这里有几种制定价格的方式：

✤ 调查那些潜在的客户，看看他们愿意为此支付多少钱。

✤ 如果市场调查表明目前的价格是一个院子每周 30 元，那么你也得这样做，如果你觉得你的原始成本较低，你可以向下削减 5 元，那么你的价格是 25 元。

✤ 你可能想，每小时你该收多少钱。看看你做一夏天的成本是多少，再想一想院子的面积，然后依据这些信息决定你的价格。

账单模式

账单模式指的是你该如何向你的客户收账，例如每完成一件工作你都可以去取酬金。

预期收入

假设你整理一个院子需要 2 小时，你想，每周工作 30 小时，一个夏季 12 周。再假设你希望毫不费力就能找到 10 个客户，额外的努力还能使你再多找 5 个，那么你会有两种预期收入：

收入 1：整个夏季都与你合作的 10 名客户

收入计划	
收入	
10 名客户，每周每份 25 元，12 周	3000 元
成本	
原始成本	1020 元
经营成本每周 25 元，12 周	300 元
剩余价值	
设备的剩余价值	400 元
总收入	2080 元

如果你还想在第二年继续经营下去，你当然不会卖掉机器了，这会降低你第二年的成本。如果你不想，那么你可以卖掉设备并将这部分钱归到收入里。

在这种方式中看到的是你每周工作 20 小时，工作了 12 周，共挣到 2080 元，也这就是说你每小时赚 8.66 元。为了摊低成本（拖车、割草机等）和获得更多的生意，你可以提高价格或寻找更多的客户。

收入 2：15 名客户

收入计划	
收入	
15 名客户，每周每份 25 元，12 周	4500 元
成本	
原始成本	1020 元
经营成本每周 25 元，12 周	300 元
剩余价值	
设备的剩余价值	400 元
总收入	3580 元

在第二种方式中你每周工作 30 小时，工作 12 周，共收入 3580 元。也就是每小时挣 9.94 元。

风险预测

了解你的公司所面临的风险是很重要的。对于企业来说，有趣的是很难对风险作出完整的理解，直到你知道这些风险都是什么。你能在尝试和失败中了解这些风险，或者通过给其他人工作而对它们有所认识。一个草坪看护公司有一些基本的风险：

❀ 找不到客户——这会使你无法偿还贷款。

❀ 客户的数量不够——在这种情况下，你即使干了整整一个夏天也赚不到足够的钱来抵偿你的成本。

❀ 不付钱的客户——你的账单模式会限制出现这种情况的比例。

❀ 机器出故障——如果你的割草机中途报废，那么你不得不买台新的。

你要考虑好这些风险，并对它们采取相应的预防措施。

约见贷款员

你需要一笔贷款来筹建你的公司。你可以通过两种方式得到这笔钱。向你的父母或亲属去借，或者到银行去申请贷款。第三种选择就是出卖你公司的股份。这一过程有点复杂，但可能会很有趣。我建议你最好到银行去申请贷款。你很可能会遭到所有银行的拒绝，但你从中能学到很多有用的东西，我相信这种努力是值得的。当你走访了三家银行并被拒绝之后，我想这时你才可以同你的父母谈谈。

为了接近贷款员，我认为你该制定一份商业计划。这份计划要写出你在这种生意上的目标和想法：它是做什么的，如何进行的，你如何获得客户，你能从中赚多少钱，需要多少钱你的企业才能运转起来。当你做好这样一份计划后就可以走进银行申请贷款了。

申请贷款的第一步是要约见银行的贷款员。你事先预约的原因有两个：

✤ 第一是贷款员很忙。你不能认为他或她在办公室里没事可做便贸然地走进去。

✤ 第二是因为你是个年轻人，而且是第一次与贷款员见面，所以你要给对方留下一个好印象。你需要好好准备一下。

通过打电话进行预约，许多青少年在这时都会感到很拘谨，毕竟同成年人谈话不是一件很容易的事情。想象下面的谈话：

成年人：早上好，这是 XX 银行。我能为你做些什么？

青少年：嗯……像……是否有什么办法……像……你知道我可以问你……像……嗯……关于贷款？你知道吗？

成年人：你在说什么？

你要抓住讲话的要点并充满自信，要以成年人说话的方式向银行打电话。例如：如果你抓住了计划的要点，那么打电话时你可以这样说："你好，我叫李为。我想同你们的贷款员预约个时间，谈谈关于一笔小生意的贷款事宜。"通过与你的父母或其他成年人朋友进行练习，你能够做到自如地讲话。

"虚构的"与"真实的"

我们在这里讨论的是"虚构"的企业。如果你要经营一家真正的公司，那么你要重新走进这个世界。例如你将不得不到工商局注册登记。你要交税，还要获得执照和许可。你要确定自己到底站在"虚构的"或"真实的"哪条轨道上，以使你不会违反法律。

现在让我们来看看你的预约：

你：你好，我是李为。我想同你们的贷款员预约个时间谈谈关于一笔小生意的贷款事宜。

银行：可以。星期一下午2点怎么样？

你：你看下午4点可以吗？

银行：可以，但要在星期三。

你：没问题，到时候与我见面的人是谁？

银行：我们的贷款员莎莉。

你：我现在能把我的计划送到莎莉女士那里吗？以便她在见面前能对此有个了解。

银行：当然可以。

你：请告诉我她的地址。

银行：我们的地址是……

你：非常感谢。我期待着周三下午4点同莎莉女士见面。

银行：再见。

看看这段对话是多么的简洁明了。这里有充足的证据来说明你清楚自己的目标。在这段对话之后，你要把打印好的计划书送到莎莉女士那里，同时还要有一封短信（两三句话），要把她的名字和地址打在信封上。

你在星期三下午3：55分就该到达银行。你要穿西装、系领带。西装要得体，皮鞋要擦亮，发型要干净整洁。你要先对接待员说："您好，我叫李为，我在4点钟同莎莉女士有个约会。"你可能会被要求坐下等会儿。这时，你可以坐在那儿看看建议书的副本。

当莎莉女士走出办公室向你打招呼时，你要站起来伸出右手，同她握手并看着她的眼睛说："我叫李为，感谢您花时间同我见面。"你将会被邀请到她的办公室坐。

现在，在莎莉女士的脑子里可能有如下想法：

❀ "噢，天哪！这是个孩子。这真让人难以置信，为什么这种事总发生在我身上？我得把这个孩子打发走，否则别人又要笑话我了。"

❀ "噢，天哪！这是个孩子。很难得看到一个如此与众不同的年轻人。这也是一份很好的计划书。看看接下来会发生什么。"

❀ "噢，天哪！这是个孩子。这可能会很有趣！"

这时你有很多事可说。如果你真的对自己很有信心，那么你可以充满自信地、像个成年人那样开门见山地说："您看过我的计划书了吗？正像里面所说的那样，为了开一家草坪看护公司，我需要一笔1200元的贷款。在计划中，我已经对公司的目标做了描述，并对公司运转所需的财力和资本情况进行了预测。你对这份计划书还有什么问题吗？"这是充满自信的成年人进行商业谈论的方式。

这就是成年人同贷款员讲话的方式？可能是，也可能不是。一个经验丰富、充满自信的成年人可能已经同莎莉女士保持了好几年的联系。他们可能是在这个人办理信用卡时互相认识的，之后他们来往了好几年。两个人的谈话可能完全是出于多年建立起来的个人关系而不是商业关系。你可能不会与银行中的任何人建立私人关系，除非你能花时间去培养建立这种关系。或者你的父母可以带你去银行，把你介绍给里面的人。你不认识银行里的人，这是你的劣势。也许这很不公平，但却是生活中的事实。

记住这点，再想想你同莎莉的约会。由于你以前同莎莉没有私人上的交往，所以她会很冷淡地看着你走进办公室。因此你的主要目标是同莎莉建立私人关系。这次约会将是你与莎莉的第一次接触，通过这次约会你要尽可能多地了解现实中的世界。你可以这样对她说："这是我第一次尝试同银行合作，我知道自己很年轻，所以除了介绍我自己，我还想学更多的经验。我很愿意听到你对这份计划书的建议，以使自己在未来做得更好。"然后你们对此展开讨论，你要在 3~5 分钟内对这份计划书的每一部分做出解释。

重要的商业关系

你是否曾注意到许多有钱人的孩子将来也会成为非常有钱的人？这不是偶然现象。一个原因是：有钱人建立了许多重要的商业关系，并努力使这些关系持续到下一代。假设有一个富有的父亲，他和妻子培养他们的孩子尊敬成年人，并训练他同成年人自如交谈的技巧，这种训练在孩子很小的时候便开始了。也许这个父亲带朱尼到银行去时他才 10 岁，父亲把朱尼介绍给那里的每个人，带他参加午餐会，在 10 年当中他每月都会这样做一次。当朱尼 20 岁时，他需要一笔贷款，于是他仅仅是走进银行同老朋友谈谈，便立刻得到了这笔贷款。

你是否听过这句话："你知道些什么并不重要，重要的是你都认识些什么人。"这句话很正确。你从现在开始就要多与人接触。

经营你的企业

你或者从银行贷款，或者从你的父母那里借，现在是你开始自己生意的时间。你要去购买设备和制定商业计划，要去做广告，同客户谈判及为他们割草。在经营企业的同时你要认真地做好记录，记好你花掉的和挣来的每一分钱。你要为客户写好收据，你可以去税务部门买收据本。你要把所有的钱都存入银行，在需要时才提出来，把钱存入银行时你要做好记录。

有一件重要的事你要记住：一定要履行对客户做出的承诺，否则你的公司难以长久存在。

另一方面，如果你不断地向客户提供高技能的服务，那么客户们将会对你的所作所为感到很高兴。他们会把你介绍给他们的朋友，很快你的生意就会兴旺起来。这就是你从做生意中获得的快乐。

成功是一个漫长而艰苦的过程

为什么因为你年轻，银行就要求你的父母与你联合签名？这是银行的工作方式：银行只会把钱贷给那些偿贷能力强的人。银行不想做赔钱生意，他们不会贷给那些偿贷能力差的人。

> 朋友！你有叛逆性吗？那并不坏！但你更要知道：哪种情况才是需要大勇的时刻！

银行会希望他的贷款具有较高的安全系数，这会以抵押的形式出现。在商业贷款中，银行会让你签署一份文件，上面写着："如果我无法偿还贷款，银行有权拿走我个人的部分或全部财产以作清偿。"

因为你才 16 岁，所以在银行眼中有三件事使得你的偿债能力很差：

✿ 你没有值钱的东西，所以银行会认为你几乎没有偿还能力。

✿ 你没有信用记录，所以银行无法了解你过去的表现。

✿ 银行会从一个总体的角度来考虑青少年。大多数青少年既缺少经验又无责任感。对此你要忍受，无论你喜欢还是不喜欢。你要努力向人们证实你是值得被区别对待的，但这是一个既漫长又艰苦的过程。